www.tredition.de

Nicole Hilbert

Neues Bewusst Sein

Das eigene L(ich)t leben

www.tredition.de

© 2016 Nicole Hilbert

Verlag: tredition GmbH, Hamburg

ISBN
Paperback: 978-3-7345-5916-7
Hardcover: 978-3-7345-5917-4
e-Book: 978-3-7345-5918-1

Printed in Germany

Vorwort 8

Dich auf den Weg vorbereiten 10
Zeit für dich.. 11
Achtsamkeit... 14

Kleines. spirituellesWörterbuch...................... 21
Dein Ich – der göttliche Funke...................... 23
Altes Karma 26
Energiekörper 29
Neues Karma.. 31

Dein innerer Weg 33
Aus diesem Leben 41
Gewohnheiten 41
Glaubenssätze....................................... 48
Umfeld... 52
Individuelle Erfahrungen............................. 59
Mitgebrachte Elemente............................... 62
Temperament 63
Kosmische Kräfte und Sternzeichen.................... 70
Dein leiblicher Körper............................... 73

Auf dem Weg sein 75
In Liebe zu dir...................................... 76
Frei von Wertung 79
In Harmonie kommen................................ 86
Bewusste Entwicklung............................... 89
Wegbegleitung...................................... 93

Dein Weg im Außen 96
Die vier Elemente 99
Luft 100

Feuer 101

Wasser 101

Erde 102

Positive Energien **103**

Das Wesen der Dinge **107**

Miteinander **111**

Gesprächsebenen 111

Rollen 114

Die geistige Welt **119**

Ankommen **125**

Dein wahres L(ich)t **126**

Begegnung von L(ich)t zu L(ich)t **129**

Potential deines L(ich)tes **133**

Dank **138**

Über die Autorin **139**

Für

Finn & Anna

Vorwort

Liebe Leserin, lieber Leser,

es ist schön, dass du dieses Buch in Händen hältst, es seinen Weg zu dir gefunden hat. Es ist durch Kräfte unserer Zeit entstanden, die eine Sehnsucht immer stärker werden lassen – den Wunsch nach dem Wesentlichen.

Vielleicht findest du hier die eine oder andere Antwort auf Fragen, die dich bewegen, oder Impulse, die dich auf deinem Weg begleiten oder dich einfach „nur" inspirieren. Vielleicht kann es dir Türen zeigen und öffnen, auf deinem Weg zum Wesentlichen. Auf dem Weg zu dir, wie du wirklich bist. Denn es gibt viele individuelle Schritte auf dem Weg, dein innerstes Potential zum Ausdruck zu bringen und Begrenzungen hinter dir zu lassen. Die Entscheidung, welchen Schritt du gehen möchtest, und zu welchem Zeitpunkt, triffst ganz allein du.

Wenn du dieses Buches mit dir arbeiten lassen möchtest, dann lasse dich ganz auf die geschriebenen Worte ein – und auf die Kraft, die in ihnen liegt und hinter ihnen steht. Lies sie nicht nur mit dem Verstand, bleibe nicht in der reinen Information, lies nicht über die Wahrheit hinweg, weil du vielleicht denkst „Oh, ja, das kenne ich schon", sondern lasse die Worte sinken und wirken – lies sie mit deinem Herzen. Wenn du sie bis in dein Gefühl dringen lässt, wenn du ihnen Raum gibst, im Hier und Jetzt, sich in ihrer Kraft zu entfalten und dich zu berühren, dann kann ihre Botschaft deine Seele berühren und Dinge in Bewegung bringen. Dann begibst du dich auf den Weg zu einem Leben mit Momenten des „Ich–Bin" im „Hier und Jetzt" in absoluter Freiheit, in denen du deinem wahren Ich begegnen darfst.

Diese Momente im Leben sind mehr als ein Geschenk. Sie sind ein kostbarer Schatz und zugleich der Schlüssel zu einem neuen Verständnis deines Seins. Und dieser Schatz ist dir jederzeit zugänglich – wenn du es wirklich willst.

Der starke Wunsch, die Verbundenheit zu erleben, die allem zugrunde liegt – dieses Eins–Sein spüren zu können – und darüber hinaus die ureigene Bestimmung zu erfahren – das eigenes Potential zu erkennen und zum Ausdruck zu bringen, in allen Facetten, die das irdische Leben ermöglicht – hat dich in dieses Leben inkarnieren lassen.

Auf deinem Lebensweg begegnest du Menschen, erlebst Situationen und setzt dich mit vielfältigen Informationen auseinander. Dadurch gewinnst du Impulse, die für dich Tore sein können. Tore zu dir selbst – zu deinem göttlichen Funken, deinem lichtvollen Potential, deinem wahren Sein.

Dich auf den Weg vorbereiten

Zeit für dich

Wenn du den tiefen Wunsch verspürst, dir selbst auf die Spur zu kommen, dein innerstes Wesen zu erkunden und Schritt für Schritt dein eigenes Potential zu entfalten, so darfst du dir zuallererst Zeit geben. Zeit, nur für dich – Zeit, in der du dir deinen eigenen Raum schaffst.

Du darfst erkennen, dass du dir selbst so wichtig sein darfst, dir Zeit zu nehmen, dich um dich selbst zu kümmern, dich nur mit dir selbst zu beschäftigen und dich selbst in das Zentrum deiner ganzen Aufmerksamkeit zu stellen.

Denn diesen Freiraum braucht es, um deinem Ich zu begegnen – und den Rahmen gestalten zu können, in dem du dich mit deinen ganz individuellen Themen befassen und sie (auf–)lösen kannst.

Wenn es dein innigstes Anliegen ist, dich selbst *wirklich* kennen zu lernen, wird es dir zunehmend leichter fallen, deine Prioritäten neu zu setzen und den Fokus auf die wesentlichen Dinge in deinem Leben zu lenken.

Diese Fokussierung ist der erste Schritt eines wunderbaren Weges – dem Weg zu dir selbst.

Dein Leben bietet dir unendliche viele Möglichkeiten, dich weiterzuentwickeln, dich selbst zu erkennen und dein Licht immer mehr zu entfalten – und die Menschen, Dinge und Situationen, die dir begegnen und widerfahren sind ein Spiegel für dich, um dich selbst zu erkennen und um zu erfassen, wohin dein Weg dich führen kann. Je aufmerksamer du diesen Möglichkeiten begegnest, umso klarer werden sie dir erscheinen.

Es gibt so viele Wege, wie es Menschen auf diesem Planeten gibt. Und jeder Weg ist einzigartig. Auch deiner unterscheidet sich von allen anderen. Denn auch du bist einzigartig.

Du darfst darauf vertrauen, dass die Themen, die momentan noch zwischen dir und deinem Potential stehen - wie zum Beispiel Blockaden, die angeschaut werden möchten - sich zum richtigen Zeitpunkt zeigen werden. Genau dann, wenn du bereit bist: zu dem Zeitpunkt, an dem du die Kraft hast, dich ihnen zu nähern, dich mit ihnen auseinanderzusetzen und zu verwandeln und danach den nächsten Schritt zu gehen.

Es ist nicht das Ziel dieses Erdenlebens, ein perfekt funktionierender Mensch zu sein - so wie es uns die westliche Welt zu vermitteln versucht. Den Sinn deines Lebens kannst nur du für dich selbst definieren – vielleicht spürst du ihn bereits als ein Gefühl tief in dir – wie eine vollkommene Wahrheit deines Seins.

Wenn dir bewusst wird, dass du dich dieser Wahrheit näherst, du dieses Gefühl klarer fassen möchtest, um dich selbst zu erkennen und das eigene Leben daran auszurichten – möglicherweise immer wieder neu, manchmal vielleicht auch radikal anders – wird in dir die Sehnsucht entstehen, dich weiter zu entwickeln.

Dieser Wunsch ist bereits der erste Schritt auf dem Weg zu dir selbst – zu deinem lichtvollen Potential. Auf diesem Weg wirst du erleben, dass du dein Leben als umso erfüllender empfindest, desto mehr dein Leben im Außen deiner eigenen inneren Wahrheit entspricht. Beginne also im zweiten Schritt, deinem Innersten zuzuhören, ihm Aufmerksamkeit und Wertschätzung entgegenzubringen und dein Leben an dir selbst auszurichten - anstatt dich dem äußeren Leben anzupassen.

Am Anfang braucht es vielleicht etwas Mut, um hinter deine Gewohnheiten, deine verschiedenen Rollen, Fassaden, Masken und Kulissen zu schauen – doch sei gewiss: Es lohnt sich, denn es verbirgt sich dahinter ein unendlicher Schatz:

Du selbst.

Achtsamkeit

Wir leben in einer Zeit, in der wir weder hungern noch frieren müssen und in der wir uns das tägliche Leben durch viele technische Errungenschaften scheinbar erleichtern können.

Dennoch fühlen sich viele Menschen nicht wirklich glücklich, sind nicht erfüllt von ihrem eigenen Leben. Sie sehnen sich nach innerer Zufriedenheit und sind auf der Suche nach dem „wahren Sinn".

Wenn du diese Sehnsucht kennst, dann lasse den folgenden Fragen ein wenig Raum und schaue, welche Antworten in dir entstehen.

Ist deine Lebensqualität durch die Annehmlichkeiten, die du dir in deinem Alltag geschaffen hast, gestiegen? Wenn ja, bis zu welchem Punkt? Fühlt sich dein Leben erfüllter an, weil du es dir bequem eingerichtet hast? Oder hast du eher das Gefühl von „Das kann doch nicht alles sein"?

Sehnst du dich nach einem Leben, das dich einerseits gewisse Bequemlichkeiten des Lebens nutzen und ge-

nießen lässt und in dem du dir gleichzeitig wieder nä-
her kommst, du dich „erfüllt" fühlst und du einen Sinn
hinter und in allem spüren kannst?

Dein Leben gewinnt wie von selbst an Tiefe, wenn du
dir für deine Tätigkeiten mehr Zeit nimmst, wenn du
sie bewusst ausführst, wenn du bei deinen alltäglichen Verrichtungen einen Moment inne hältst und
deine ganze Aufmerksamkeit in das „Hier und Jetzt"
lenkst.

Durch bewusstes Handeln kannst du wieder den Sinn
in deinem Tun erkennen und die Kraft spüren, die in
dir liegt und darin, womit du dich gerade befasst.

Überlege: Was könntest du tun, ohne den Fortschritt
aus deinem Leben zu verbannen, um in deinem Alltag
echte, eigene Erfahrungen und persönliche Glücks-
momente erleben zu können und dadurch zu einer in-
neren Zufriedenheit zu gelangen?

Der Schlüssel liegt nicht in einer aufwändigen, spektakulären Veränderung deines Lebens, vielmehr ist der erste Schritt ein Innehalten bei den kleinen Dingen des Lebens – das ausdrückliche Einlassen und Bewusstmachen.

Im Spüren des gegenwärtigen Moments bis hin zum Spüren deines eigenen Atems und schließlich deines eigenen Selbst als lebendiges Wesen liegt die Essenz. Achtsamkeit ist (d)ein Schlüssel zur Bewusstwerdung. Durch Achtsamkeit entsteht ein Raum voller Kraft – mit der Möglichkeit für Veränderung und Wandel.

Den alltäglichen Dingen einen angemessenen Raum zu geben, in einem Leben, das durch vielfältige Anforderungen und Erwartungen von außen geprägt ist, das gefühlt immer schneller wird und voller Veränderungen steckt, und im „Hier und Jetzt" innezuhalten – darin liegt eine große Kraft. Denn beides führt unweigerlich zu einem Gefühl der Ruhe und Zufriedenheit. Es führt dich nach Innen.

Wenn du möchtest, dann beginne, den einfachen Dingen des Lebens mehr Aufmerksamkeit zu schenken und begegne den (vermeintlichen) Selbstverständlichkeiten deines Lebens wieder mit Dankbarkeit.

Erlebe jeden neuen Tag als ein Geschenk an dich. Beginne ihn mit einem tiefen Atemzug. Mache dir bewusst, dass du lebst, dass du diesen Tag nutzen kannst, dich selbst besser kennen zu lernen. Stehe mit einem Lächeln auf. Begegne den Gegenständen des Alltags mit Dankbarkeit – sei es dem Herd, deinen Schuhen oder deiner Zahnbürste.

Verrichte deine Arbeiten mit der Aufmerksamkeit im Hier und Jetzt. Besorge bewusst und mit Dankbarkeit die Dinge, die du für dich benötigst.

Konzentriere dich bei den Dingen, die du tust, auf jeden einzelnen Schritt. Sei mit allen Sinnen anwesend und im Moment. Lasse dir Zeit, die Dinge nacheinander und bewusst zu tun. Spüre, wie sich die Zeit auszudehnen scheint, wenn die Dinge ihrem natürlichen Lauf folgen.

Dies kannst du in jedem Moment deines Lebens tun, sei es beim Kochen, Autoputzen, Aufräumen oder Duschen. Sei präsent bei allem, was du tust – so erfährst du die Kraft des gegenwärtigen Augenblicks.

Freue dich auf die Begegnung mit Menschen, was auch immer sie dir über dich selbst zeigen können und werden. Nimm mit den Menschen, mit denen du zusammenkommst, Blickkontakt auf, hör ihnen wirklich zu – was haben sie dir über dich zu sagen, was kannst du ihnen geben? Lasse Nähe zu und gib der Begegnung von Mensch zu Mensch Raum und Zeit. Nimm dir die Zeit, dich mit Menschen, die dir wichtig sind, zu treffen und bleibe bei eurem Zusammensein nicht in Oberflächlichkeiten, sondern öffne dich und teile ihnen mit, was dich wirklich bewegt. So können gemeinsam erlebte Momente zu Begegnungen werden, die dich erfüllen.

Nimm die Natur als Geschenk wahr. Sie bietet dir jeden Tag mehr als eine Gelegenheit, innezuhalten und dich an ihrer Kraft und Wandlungsfähigkeit zu erfreuen. Jeder Spaziergang, jeder Blick aus dem Fenster kann dich innerlich berühren - wenn du es zulässt.

Bewundere den Marienkäfer auf deinem Weg zur Arbeit und bemerke seine Einzigartigkeit. Nimm die Rose im Garten wahr und den Duft, den sie verströmt. Genieße die Farben des Sonnenuntergangs. Jede Blüte ist einzigartig, du kannst dich meditativ in ihren Anblick versenken; jeder Baum schenkt seine Kraft, du kannst sie spüren, wenn du dich an seinen Stamm lehnst und die Augen schließt; das Wasser eines Baches ist immer in Bewegung und du kannst seinem „Gesang" lauschen; der Wind schließlich bringt alles

*in Bewegung – auch deine Gedanken, wenn du es zu-
lässt; beobachte die Tiere und lass dich von ihren
wunderbare Fähigkeiten faszinieren.*

*Begegne auch deinem Körper mit Achtsamkeit und
Dankbarkeit. Behandle ihn liebevoll, gib ihm alles was
er braucht. Ernähre, pflege und kleide ihn bewusst.
Beginne, auf ihn zu hören und darauf zu achten, was
er dir über dich sagt. Welche Speisen tun ihm gut, für
welche Bewegungen ist er dankbar, wie viel Schlaf
braucht er? Ist er gut versorgt? Erhält er das, was er
benötigt – auf allen Ebenen?*

*Du kannst alle deine Tätigkeiten und täglichen Ver-
richtungen auf diese Weise „aufladen". Gehe mit
Achtsamkeit durch den Tag – bringe ihn nicht einfach
hinter dich, sondern erlebe ihn. Nimm dir dazu immer
wieder etwas Zeit, den jeweiligen, gegenwärtigen
Moment wahrzunehmen. Versuche das, was ist und
was du spürst, still in Worte zu fassen. Lausche dem,
was dein Körper sagt. Je genauer du das, was ist, erfassen kannst, umso erfüllter wirst du dich fühlen.
Wisse, dass Achtsamkeit nichts anstrebt – sie nimmt
einfach wahr, was bereits da ist.*

Wenn du in deinem Leben klar und achtsam bist, dann wirst du spüren können, was in deinem Leben für dich wirklich von Bedeutung ist - worauf du deine Aufmerksamkeit richten möchtest, wofür du deine Kraft einsetzen möchtest. Klarheit und Achtsamkeit schenken dir Zeit. Zeit, in der du bestimmten Situationen nochmals nachspüren und einen bewussten neuen Umgang mit ihnen finden kannst. Zeit, um neue Impulse für dein Leben wahrzunehmen und umzusetzen.

Wenn du dich in Achtsamkeit übst, wirst du aus Begebenheiten und Erfahrungen immer mehr erfahren, was dich inspiriert. Du wirst den Zusammenhang von Achtsamkeit, Kraft und innerer Zufriedenheit erfahren, denn deine Eindrücke und dein Erleben werden an Intensität gewinnen, dich bereichern und dir neue Lebensenergie schenken.

Wenn du beginnst, dem Leben aufmerksam gegenüber zu stehen, wirst du dich selbst – Schritt für Schritt – als einen einzigartigen Teil eines Großen und Ganzen erleben und spüren. Dadurch wird ein großer innerer Friede entstehen.

Kleines

spirituelles Wörterbuch

Du bist als Mensch facettenreicher und großartiger, als du es dir bisher vielleicht vorstellen kannst. Damit du eine Idee und ein Gefühl davon bekommst, wohin deine Reise zu dir selbst gehen kann, welche Teile deiner Individualität sie womöglich durchqueren wird, findest du im Folgenden ein Bild des Menschen, wie es das heutige Bewusstsein erfassen kann.

Dein Ich – der göttliche Funke

Du hast, wie jeder Mensch, einen ganz individuellen Wesenskern, der dich aus– und einzigartig macht. Dieser Wesenskern ist dein Ich, in dem das göttliche Licht durch die verschiedenen Inkarnationen getragen wird. Alles, was dich umgibt, entspringt der göttlichen Quelle und trägt diese starke Urenergie in unterschiedlicher Ausprägung in sich.

Zu Beginn der Menschheit war, in deinen ersten Inkarnationen, dieses Ich noch rein, voller lichtvoller Energie und verbunden mit allem, was ist: mit den göttlichen Energien, den Pflanzen und Tieren, den Elementen Feuer, Wasser, Erde und Luft, und deinen Mitmenschen – eingebunden in das Planetensystem und das Universum.

Durch die einzelnen Erdenleben hat dein Ich verschiedene Erfahrungen sammeln können. Du hast die Möglichkeit bekommen, dich in der Verkörperung als Mensch weiterzuentwickeln und im irdischen Sein verschiedene Kräfte zu spüren. Durch dieses Erleben der Unterschiede konntest du zu eigenen Entscheidungen gelangen.

Alle deine Erlebnisse haben sich in dir als karmische Erfahrungen gesammelt. Durch diese ganz persönlichen Erlebnisse und die dadurch in dir entstandenen

Gefühle hast du deine Individualität entwickelt. Du hast begonnen, dich von deinen Mitmenschen zu unterscheiden, da sie andere – eben eigene – Erfahrungen gemacht haben: Du bist einzigartig geworden.

Je weiter die Zeit voran geschritten ist, umso mehr Inkarnationen dein Ich durchlebt hat – desto mehr hat sich die ursprüngliche Verbindung zur göttlichen Quelle und zu allem was ist gelöst.

Du hast begonnen, dich als Individuum – getrennt von deiner Umwelt – wahrzunehmen, und dich dadurch immer mehr als ein eigenständiges Selbst gespürt. Du hast die Fähigkeit in dir entdeckt, eigene Entscheidungen zu treffen, es sind eigene Gefühle in dir entstanden und du konntest dich unabhängig von deiner Umwelt spüren.

Diese unterschiedlichen Erfahrungen erklären, warum du als Mensch immer individueller wirst, dich immer deutlicher von deinen Mitmenschen unterscheidest und du immer mehr Raum für dich allein benötigst.

Geblieben ist bei dieser Entwicklung der tiefe Wunsch deines Ichs, das göttliche Licht – das zu Anbeginn der Zeit wie selbstverständlich immer da war – wieder voll zu entfalten und in jedem Augenblick spüren zu können – dich wieder an diese lichtvollen Energien anzubinden und im Fluss mit ihnen zu sein.

Es ist der Wunsch, die Sehnsucht, dich mit den dich umgebenden und durchdringenden lichtvollen Energien zu verbinden – auf einer neuen Ebene deines Bewusstseins: Aus der Erkenntnis heraus, dass du ein freies, selbstbestimmtes Wesen bist, das aus seinem eigenen Wunsch und Willen heraus diese Kräfte in sich und um sich herum sucht und ihnen Raum gibt.

Denn dies ist die große und gleichzeitig wundervolle Aufgabe dieser Zeit:

Dir deiner Selbst gewahr zu werden – auf dieser neuen Stufe des menschlichen Bewusstseins – und aus deiner persönlichen Freiheit heraus dich dieser göttlichen Energien zu erinnern, so dass du dich als Individuum wieder stärker mit ihnen verbinden kannst.

Aus den unterschiedlichen Erfahrungen, die dein Ich in deinen bisherigen Erdenleben gesammelt hat, entstehen in dir Wünsche nach weiteren Erfahrungen, die du für deine weitere Entwicklung brauchst. Diese Wünsche wirken auf dieses Leben und auch in deine zukünftigen Inkarnationen hinein.

Altes Karma

So wie du in deinem jetzigen Leben Erfahrungen ge-sammelt hast - die dich in deiner heutigen Persönlich-keit prägen - so hast du dies auch in deinen früheren Leben getan und bringst diese als Information in die-ses Leben mit. So können zum Beispiel besondere Ta-lente und Wissen Fähigkeiten sein, die du dir in dei-nen Vorleben angeeignet hast.

Wenn du dir deiner besonderen Gaben bewusst wirst, kannst du sie ganz entfalten und für dich und diese Welt nutzen. Dabei entscheidest du, wie, wann und wofür du sie in diesem Leben einsetzen möch-test.

Wenn du deine mitgebrachten Anlagen erkannt hast, dann spüre in dich hinein und mache dir bewusst, wozu du dieses Leben gewählt hast. Möchtest du dich nicht weiterentwickeln, neue Erfahrungen ma-chen, dein Wissen und dein Können erweitern? Wenn du dein bisheriges Vermögen nicht einseitig werden lassen möchtest, dann nutze jeden Tag, um neue Qualitäten in dein Leben zu bringen. Dadurch strebst du nach einem Ausgleich und bringst dich selbst in Harmonie.

Du bringst aus deinen bisherigen Leben auch alte Verbindungen zu Menschen mit, die dich in dieser Inkarnation in Situationen und Begegnungen mit ihnen geführt haben oder noch führen werden. Vielleicht hast du mit ihnen eine gemeinsame Aufgabe zu lösen, oder du möchtest eine alte „Schuld" begleichen; vielleicht habt ihr euch für dieses Leben „verabredet", weil ihr noch etwas klären oder bestimmte Erfahrungen gemeinsam sammeln möchtet, die ihr für eure Weiterentwicklung braucht.

Vielleicht kennst du das Gefühl, einen Menschen, den du gerade erst getroffen hast, schon ewig zu kennen, oder du glaubst, dich an Orte zu erinnern, die du noch nie vorher (in diesem Leben) gesehen hast. Das können Situationen sein, die dir bewusst werden lassen, dass es einen tieferen Grund gibt, dass du gerade dieses oder jenes erlebst - ohne dass du wissen musst, warum das Leben gerade so ist, wie es ist.

Ein Bewusstsein dafür, dass du bestimmte Menschen in diesem Leben getroffen hast oder treffen wirst, weil es dein Karma so bedingt - oder dass du bestimmte Situationen durchlebt hast oder durchleben wirst, weil du sie für deine karmische Entwicklung brauchst – kann dir einen neuen Blickwinkel beim Betrachten deines bisherigen Lebens und deiner gemachten Erfahrungen geben.

Du musst dabei nicht alles verstehen oder wissen - wenn du dein Denken von Wertungen befreist, dann kannst du in das Vertrauen gehen, dass dir das Leben genau das schenkt, was du brauchst, um dich weiter-zuentwickeln.

Energiekörper

So bist du in deinem jetzigen Leben als Ich inkarniert - mit dem göttlichen Licht in dir und deinen individuellen karmischen Erfahrungen - ausgestattet mit Energien und Kräften, die dir ermöglichen, genau das zu erfahren, was du für deinen Weg brauchst.

Diese Kräfte wirken in deinem Energiekörper - der als Energiefeld deinen leiblichen Körper durchdringt und umgibt und bis in deine körperliche Gestalt hinein wirkt. Er versorgt dich mit seinen unterschiedlichen Kräften, Stärken und Qualitäten.

Diese finden ihren Ausdruck unter anderem in deinem Temperament und in deinem Sternzeichen. Sie versorgen dich mit Qualitäten wie Zielstrebigkeit, innerer Ruhe, Einfühlungsvermögen und Leichtigkeit und befähigen dich durch ihre unterschiedlichen Eigenschaften zu deinem einzigartigen Sein – so wie du bist.

Sowohl die Temperamente als auch die kosmischen Kräfte sind ein Geschenk an dich, Kräfte, die du bereits in dieses Leben mitgebracht hast, die dich in deinem Sein unterstützen und die du in dir entdecken und vervollkommnen kannst.

Du wirst erkennen - wenn du dich mit diesen Aspekten deines Seins beschäftigst - dass sie alle ein Teil eines Ganzen sind. So kannst du dieses Leben dazu nutzen, dir einerseits deiner mitgebrachten Qualitäten bewusst zu werden und dir andererseits die dir fehlenden Qualitäten zu erarbeiten - um dich selbst in Balance zu bringen und in deine innere Mitte zu kommen.

Neues Karma

Dein Ich ist mit seinem Energiekörper in diesem Leben in einen leiblichen Körper inkarniert. Du hast einen männlichen oder weiblichen Körper für dieses Leben gewählt und du bist in eine einzigartige Familie und in einen bestimmten Kultur– und Sprachraum geboren worden.

Du hast in diesem Erdenleben viele Erfahrungen mit diesen Rahmenbedingungen gesammelt, die deine heutige Persönlichkeit mitgestaltet haben.

So wärest du heute nicht du - so wie du bist - wenn du für diese Inkarnation andere äußere Bedingungen gewählt hättest.

Du hast aus deinem Umfeld und deinen bisherigen Erfahrungen auch Glaubenssätze übernommen, durch die tief in dir sitzende Gedankenmuster entstanden sind. Ebenso sind deine Gewohnheiten und Handlungsmuster Teile deiner Persönlichkeit, die sich im Laufe deines bisherigen Lebens entwickelt haben, derer du dir aber zum größten Teil nicht mehr bewusst bist – obwohl sie einen großen Teil deines Lebens „bestimmen".

Und du hast in diesem Leben Situationen erlebt, die dich tief geprägt haben, die Gefühle in dir haben entstehen lassen, die dich bis heute in deinem Sein beeinflussen.

Alle deine Erfahrungen haben es dir ermöglicht, altes Karma abzubauen oder neues Karma für kommende Inkarnationen zu sammeln.

Dein innerer Weg

Wenn du dich auf den Weg zu dir selbst machst, wenn du den göttlichen Funken in dir wieder spüren möchtest und dein L(ich)t in dir ausbreiten möchtest, wenn du dich von allem was dich einschränkt befreien möchtest – dann darfst du dich zunächst mit all deinen Facetten kennen lernen - alle deine Aspekte erkennen - um dich dann bewusst mit ihnen auseinanderzusetzen.

Beziehe dazu das bisher Gelesene auf dich selbst, belasse dein erworbenes Wissen nicht im Verstand, sondern lasse es mit dir arbeiten, lasse es wirken und lasse es dich berühren.

Wenn du beginnst, dich aufmerksam mit dir selbst auseinander zu setzen, wenn du anfängst, zu erkennen, welche Energien dich als Menschen prägen und dich teilweise bestimmen, dann hast du bereits ein Bewusstsein dafür gewonnen, dass nicht alles so ist, wie es an der Oberfläche scheint, sondern dass es immer eine tiefer liegende Ursache gibt.

Diese Erkenntnis kannst du auf dein eigenes Leben übertragen, dich mit dir und deiner Kultur auseinandersetzen, dir deiner Gewohnheiten und deiner Erziehung bewusst werden, dich mit deinem Temperament und deinem Sternzeichen befassen, um dich selbst besser kennen– und verstehen zu lernen.

Beginne dabei mit den Aspekten, zu denen du ganz leicht, „wie von selbst", einen Zugang findest, und widme dich ihnen in Ruhe. Wenn du den Blick auf die Dinge hinter den Dingen richtest, wirst du bald nicht nur über dich selbst, sondern auch bezogen auf alles, was um dich herum ist und geschieht, eine neue Sichtweise erlangen. Wenn du Kenntnis darüber hast, wodurch du geprägt worden bist, kannst du die Welt in einem neuen Licht sehen.

Die Welt um dich herum dient dir in diesem Prozess als Spiegel. Sie bietet dir täglich Möglichkeiten, dich selbst im Anderen zu entdecken, die Geheimnisse des Universums zu erkunden und dich als einen Teil des Großen Ganzen wahrzunehmen. Jeder Tag ist dabei ein Übungsfeld, das dir zahlreiche Möglichkeiten der Entwicklung bietet.

Du entscheidest mit allem, was du denkst, sagst und tust darüber, welchen Weg du gehen möchtest, und du wirst immer wieder in neue Situationen kommen, die dir die Chance geben, dir deiner Stärken als auch deiner ungelösten Themen bewusst zu werden und dich von Blockaden zu befreien.

Um die Möglichkeiten, die das Leben dir zeigt, zu nutzen, kannst du damit beginnen, dich selbst zu beobachten und zu erspüren, was in dir es ist, das dich zu deinem Handeln veranlasst. Oftmals wird dir dies im Nachhinein besser gelingen, als in der Situation selbst.

Wenn du dich tiefer mit den verschiedenen Qualitäten, die dich als Menschen prägen, beschäftigst, werden dir im Alltag immer mehr Situationen begegnen, die du auf einer tieferen Ebene verstehen und annehmen kannst, ohne über sie zu urteilen. Du wirst entdecken und verstehen, warum du *so* bist, handelst, denkst und fühlst, wie du es tust. Dann kannst du nach und nach die dich blockierenden Themen aufarbeiten, um deinem Ich – dem göttlichen Funken in dir, deinem eigentlichen Potential – in seiner strahlenden Reinheit wieder näher zu kommen und aus deiner Freiheit heraus zu agieren.

Wenn du erkannt hast, dass jeder Mensch, der auf dieser Erde lebt, in seiner Individualität durch mitgebrachte Elemente und durch sein bisheriges Leben geprägt wurde, wirst du auch deine Mitmenschen aus einer neuen Sichtweise heraus erkennen und verstehen.

Um dich selbst zu erkennen kannst du versuchen, dich an eine konkrete Situation aus deinem Alltag zu erinnern, die dich innerlich beschäftigt. Stelle dir dabei vor, dass alles was passiert ist wie auf einer Bühne geschieht und du sie als Zuschauer betrachtest.

Wenn dir dies gelingt, bist du in der Perspektive des Beobachters emotional von der Situation gelöst, so dass du sie „einfach nur" betrachten kannst. Versuche als Betrachter die Anlagen in dir zu erkennen, die dich zu deinen Handlungen veranlasst oder dich in bestimmte Situationen geführt haben.

Bleibe dabei in der reinen Betrachtung, ohne zu werten oder Emotionen damit zu verbinden. Versuche anschließend zu analysieren, was die eigentlichen Ursachen für das Geschehene waren und welche Anteile bei welchen Beteiligten lagen.

Aus dieser Betrachtung heraus kannst du dich und deine Mitmenschen besser verstehen lernen. Wenn du selbst beginnst, die Welt mit anderen Augen zu sehen, beginnst du zu erkennen, welche Energien oder Muster die Situationen um dich herum bestimmen, so dass du bewusst mit ihnen umzugehen lernst und du ihnen frei von persönlicher Verletzung begegnen kannst.

Wenn du Kenntnis über den Ursprung der Dinge hast, kannst du die Welt in einem neuen Licht sehen.

Das Leben bietet dir, wie als Spiegel, unzählige Momente im Alltag, in denen du dich selbst und deine

Mitmenschen mit deinen und ihren Qualitäten kennen lernen und verstehen lernen darfst. Die Welt als ein „Schulungsfeld" zu betrachten, befreit dich von Wertungen und negativen Urteilen und gibt dir die Chance, dein Leben in Liebe anzunehmen.

Wenn du dich auf den Weg zu dir selbst begibst – zu deinem lichtvollen Potential – dann öffne dich dafür, dir selbst und all deiner Facetten bewusst zu werden - sowohl den mitgebrachten Elementen als auch den bisherigen Erfahrungen aus diesem Leben. Denn sie alle sind ein Teil von dir und machen dich zu dem einzigartigen Menschen, der du heute bist.

Du hast die Möglichkeit, all dies zu erkennen, indem du dich mit bestimmten Themen zunächst auf der Ebene des Verstandes beschäftigst, dich mit ihnen auseinandersetzt und ein Bewusstsein dafür gewinnst, was dich als Mensch ausmacht, und wie facettenreich du in Wirklichkeit – und in deiner ganzen Wirksamkeit – bist.

Dann kannst du dein Wissen auf dich selbst als ein einzigartiges Individuum beziehen und dich selbst auf einer neuen Ebene kennen lernen. Du kannst damit beginnen, in der Beobachtung deines Lebens, das Gelesene zunächst auf einzelne erlebte Situationen zu beziehen, so dass du beginnst zu verstehen, warum du reagierst oder fühlst, wie du es tust.

Im Prozess des Bewusst-Werdens werden sich eine Wahrnehmung und ein Verständnis für die verschiedenen in dir wirkenden Kräfte und Energien entwickeln, die über das reine Wissen und Erkennen hinausgehen.

Dich und die in dir wirkenden Kräfte in Liebe anzunehmen, eröffnet dir den Raum für die Erkenntnis, dass niemand „perfekt" ist, sondern der Weg an sich das Ziel ist – und dass die Aufgabe des Lebens das Weiterentwickeln und Wachsen sein darf. Denn alles im Leben ist stets in Bewegung und wandelt sich in jedem Moment – und du bist ein Teil in diesem universellen Wachstumsprozess.

Wenn du das Leben – dein Umfeld und die Situationen, die du täglich erlebst – als Lernfeld und Chance nutzt, um dich selbst zu erkennen und weiterzuentwickeln, dann kannst du zum einen als „ICH", als einzelnes Individuum, und zum anderen als ein wichtiger Teil der gesamten Menschheit einen nächsten Schritt auf dem Weg zu einem neuem Bewusstsein gehen. Es ist ein Weg in Richtung Freiheit, in Richtung eines liebevollen und verantwortungsbewussten Umgangs mit dir selbst, mit deinen Mitmenschen und mit allem, was ist.

Beginne damit, den Beweggründen für dein Handeln im Alltag nachzuspüren, sie zu erkennen. Dann kannst du bewusst entscheiden, welche Aspekte weiterhin zu dir gehören sollen und an welchen du arbeiten möchtest.

Wenn du nicht im Erkennen deiner Facetten stehen bleibst, sondern dich darum bemühst, dich von begrenzenden Aspekten zu befreien und von Altem zu lösen, dann kannst du dich selbst neu definieren und in Harmonie kommen.

Aus diesem Leben

Du hast in dieser Inkarnation - in deinem bisherigen Leben - Erfahrungen gesammelt, die dich tief geprägt haben, tiefer als du es dir bisher vielleicht vorstellen kannst. Du wurdest „geformt" durch dein Umfeld – vor allem von deiner Familie und der Kultur, in der du aufgewachsen bist. Dabei hast du in deiner bisherigen Entwicklung viele Gewohnheiten und unbewusste Glaubenssätze übernommen. Zudem hast du einzigartige Erfahrungen gemacht, bist eine ganz individuelle Entwicklung durchlaufen, die dich zu dem Menschen macht, der du heute bist.

Gewohnheiten

Viele deiner alltäglichen Handlungsabläufe sind eingeschliffen und du führst sie aus, ohne über Details nachzudenken. Erst wenn du in einem bewussten Wahrnehmen deines Umfeldes feststellst, dass andere Menschen bestimmte Dinge auf eine ganz andere Weise tun, wirst du bemerken, dass es noch viele weitere Möglichkeiten für bestimmte Handlungsabläufe gibt.

Wenn du dir deiner Gewohnheiten im Alltag, wie du die Dinge „gewöhnlich" tust, bewusst wirst, kannst du feststellen, dass es Handlungsabläufe in deinem Alltag gibt, die du irgendwann unbewusst von irgendjemandem übernommen haben musst und anscheinend ganz selbstverständlich in dein Leben integriert hast – ohne dass es von außen betrachtet einen sinnvollen Grund dafür gäbe - da du dich nicht daran erinnern kannst, dich bewusst für die Art und Weise entschieden zu haben, es in dieser Form zu tun.

Gewohnheiten sind Abläufe, die du so tief in dir verankert hast, dass sie scheinbar automatisch ablaufen und dadurch wenig Aufmerksamkeit und somit wenig Kraft von dir erfordern. Du entscheidest dich nicht bewusst und wählst nicht zwischen verschiedenen Alternativen, während du etwas tust, sagst oder denkst.

Gewohnte Abläufe können dir daher auf der einen Seite den Alltag erleichtern - auf der anderen Seite bist du in solchen Abläufen aber nicht wirklich achtsam und steuerst sie nicht bewusst. Sie gelangen erst dann wieder in dein Bewusstsein, wenn äußere Einflüsse sie unterbrechen – wenn zum Beispiel ein T-Shirt nicht an seinem *gewohnten* Platz liegt, wenn das Duschgel leer ist oder eine Umleitung auf dem Weg zur Arbeit eine andere Strecke nötig macht.

Wenn du dich für ein bewusstes Leben entscheidest, betrachte und hinterfrage von Zeit zu Zeit deine eingeschliffenen Gewohnheiten und überprüfe, ob sie nach wie vor hilfreich für dich sind, oder ob du sie nur noch abspulst - und dabei das Gefühl für dich selbst verlierst. Wenn letzteres zutrifft, dann lässt du dich von deinen Mustern lenken und hast vermutlich das Gefühl, nur noch zu funktionieren oder sogar von außen bestimmt zu werden. Mache dir bewusst: Je älter Gewohnheiten sind, desto tiefer sind sie in dir verankert und umso unbewusster wirken sie in dir. Der erste Schritt, dich von ihnen zu befreien oder sie zu ändern liegt darin, sich ihrer bewusst zu werden

Um ein Gefühl für deine Gewohnheiten und ihre den Alltag erleichternde Funktion zu bekommen, kannst du dir vorstellen, du würdest jeden Tag in einem neuen Haus, in einem anderen Land aufwachen.

Oder du müsstest jeden Tag das Autofahren neu lernen, den Weg zur Arbeit und zum Einkaufen jedes Mal neu überlegen, deinen Tagesablauf permanent neu gestalten.

Wenn du dir ein paar Minuten Zeit nimmst und dich ganz auf solche Szenarien einlässt - sie nachspürst - wirst du sicherlich merken, wie wichtig auf der einen Seite solche fest angelegten Handlungsmuster und Abläufe sind, wie sie dir Sicherheit geben und einen „normalen" Tagesablauf ermöglich – und wie sie dich zugleich begrenzen.

Wenn du magst, lasse einen ganz „gewöhnlichen" Tag vor deinem inneren Auge Revue passieren:

Wie durchlebst du deinen Tag:

Greifst du morgens blind in den Schrank und nimmst irgendein Kleidungsstück heraus?

Folgst du immer dem gleichen, routinierten Ablauf, z.B. ins Bad gehen, duschen, mit geschlossenen Augen nach dem Duschgel greifen, Zähne putzen?

„Weißt" du immer genau, welcher der nächste Schritt sein wird: erst frühstücken, dann rasch den Autoschlüssel suchen, Handy und Portemonnaie einstecken und dann das Haus verlassen, die Tür abschließen, ins Auto steigen und losfahren?

Gibt es bestimmte alltägliche Arbeiten, die du schon immer genau gleich verrichtet hast, z.B. die gekochten Nudeln in einer schönen Servierschüssel auf den Tisch zu stellen oder sie nach dem Abgießen einfach in den Topf zurückzuschütten?

Sind die Schrauben und Nägel alle ordentlich nach Größe sortiert in Schubladen verstaut oder werden alle zusammen einfach in einem großen Glas aufbewahrt?

Hängen deine Schlüssel in einer bestimmten Reihenfolge am Schlüsselbrett oder hast du sie an verschiedenen Orten aufbewahrt?

Wann startest du in den Urlaub? Nachts um vier? Oder gemütlich nach dem Frühstück?

Wenn du einen Ablauf als eher unbewusstes Handlungsmuster erkennst, dann kannst du ihn genauer betrachten und hinterfragen:

Wo kommt diese Gewohnheit her? Ist sie eine Erleichterung für dich oder engt sie dich bei genauerem Hinsehen ein - fühlst du dich von ihr fremdbestimmt?

Wie möchtest du die Dinge künftig handhaben? Entspricht der schön gedeckte Tisch, das sauber geputzte Auto, das ordentlich gebügelte Hemd deinem eigenen Bedürfnis oder fühlt es sich eher wie etwas an, was von der Gesellschaft gefordert wird oder aus der Handhabung deiner Eltern resultiert?

Möchtest du etwas an deinen Gewohnheiten ändern? Wenn ja, dann fühle zuerst in dich hinein, ob du momentan die innere Kraft dazu hast, um dich von ihnen zu befreien, Abläufe anders zu gestalten oder fühlst

*du dich besser damit, sie noch eine Zeitlang beizube-
halten?*

Wenn du dich in deinem Alltag beobachtest, wirst du viele gewohnte Handlungsabläufe erkennen, die du zum Teil von deinen Eltern oder aus dem Umfeld deiner Kindheit übernommen hast. Und du wirst wahrscheinlich spüren, dass du in deinem Alltag sehr häufig von gewohnten Abläufen bestimmt wirst – sie dich „funktionieren" lassen. Gewohnheiten sitzen sehr tief in deinem Energiekörper und es bedarf deiner Willenskraft, sie zu erkennen und zu ändern.

Um ein Gefühl dafür zu bekommen, wie tief sie in dir verankert sind und viel Kraft und Wille es braucht, um sie bewusst zu ändern, kannst du dir kleine Aufgaben stellen, die dich dazu bringen, Dinge anders zu tun, als du es bisher gewohnt warst.

Wenn du möchtest, kannst du einmal versuchen, die Reihenfolge, in der du unter der Dusche die einzelnen Körperteile einseifst, bewusst zu ändern. Erst die Haare, dann die Füße und ganz zum Schluss die Arme oder doch anders herum?

Oder versuche ab morgen die Haustür nicht mit der gewohnten, sondern mit der anderen Hand abzuschließen.

Wenn du magst, dann lege dein Buch, das du gerade liest und abends immer auf den Nachttisch legst, eine Woche lang stattdessen auf den Fußboden.

Wähle bewusst deine täglichen Wege neu: zur Arbeit, zum Einkaufen oder beim Spazieren gehen.

Du kannst auch, um dir weitere mögliche Abläufe für alltägliche Verrichtungen ins Bewusstsein zu rufen, deine Mitmenschen beobachten: Wie führen sie die alltäglichen Dinge aus?

Wenn Du etwas Neues entdeckst, das dir gefällt, und es dir zusagt, dann versuche – über einen von dir vorher festgelegten Zeitraum – deinen bisherigen Ablauf durch diesen neuen zu ersetzen.

Wenn es dir gelingt, dich auf dieser Ebene Schritt für Schritt zu erkennen, dann kannst du damit beginnen, dich von Grund auf zu ändern und dein Leben an dir selbst, deinem wahren Sein auszurichten.

Es bedarf dafür zunächst Wunsches, dir selbst näher zu kommen und deiner Kraft, stärker zu sein als das Unbewusste in dir.

Glaubenssätze

Eine andere sehr stark in dir wirkende Kraft sind Glaubenssätze über dich selbst. Du hast sie so tief in dir verankert, dass du sie als eine Wahrheit über dich empfindest und dein Leben an dieser „Wahrheit" ausrichtest.

Glaubenssätze sind vielfältig und können sich in allen Bereichen deines Lebens verankert haben.

Negative Glaubenssätze beginnen oft mit „Ich darf nicht ….. " oder mit „Ich muss…..". Andere fangen

auch an mit „ich bin ....." oder mit „ich bin nicht......".
Glaubenssätze sind vielfältig und in allen Bereichen
deines Seins möglich.

Oftmals kann dir erst über eine Begegnung mit Mitmenschen bewusst werden, dass – und vor allem wie
– sie dich anders wahrnehmen, als du bisher über
dich „dachtest".

Bereits in deiner Kindheit hast du Aussagen über dich
als Wahrheiten angenommen und in dir als Information abgelegt. Meinungen und Äußerungen über dich
haben je nach Situation und deine dadurch empfun-
denen Gefühle zu negativen und einengenden Glaubenssätzen über dich Selbst geführt und begleiten
dich bis heute. Sie können durch Aussagen wie: „du
nervst", „das schaffst du nie", „dafür bist du nicht
stark/hübsch/schnell/schlau/gut genug" oder ähnliche entstanden sein.

Auch Glaubenssätze über andere Menschen hast du
aus geäußerten Meinungen deiner Eltern, Lehrer,
Nachbarn oder anderer Personen aus deinem Umfeld
übernommen und sie haben Vorurteile und Wertungen in dir entstehen lassen, die nicht auf deiner eigenen Erfahrung beruhen.

Wenn du nun damit beginnst, deine Gedanken und
Gefühle zu beobachten und deine Meinungen über
dich selbst oder andere zu hinterfragen, wirst du auf

Glaubenssätze in dir stoßen. Vielleicht kannst du dabei spüren, dass sie nicht aus deiner eigenen Persönlichkeit stammen – und dennoch in dir wirken und dein Denken und Handeln massiv beeinflussen.

Aus Glaubenssätzen sind in dir Gefühle und Verhaltensmuster entstanden, die tief verwurzelt sind. Wenn sie dir bewusst werden und du bereit bist sie loszulassen, dann bedarf es deines eigenen festen Willens um solche über Jahre gelebten Muster durch bewusstes Neu-Denken und Neu-Handeln als Gewohnheit zu lösen und dich selbst neu zu definieren.

Oft ist es bei Glaubenssätzen hilfreich oder gar notwendig, ihren Ursprung zu erkennen, um sie wirklich loslassen und neue, eigene Überzeugungen zu definieren und diese bis in dein Gefühl dringen lassen zu können.

Du kannst dich hierzu fragen:

Wer hat wann etwas über mich gesagt, dass ich als eine Wahrheit über mich gespeichert habe?

Wann habe ich Situationen erlebt, die in mir einen Glaubenssatz über mich haben entstehen lassen?

Gibt es seelische Verletzungen tief im Inneren, die einen negativen Glaubenssatz über mich nähren?

Es kann hilfreich sein, dir ein Blatt Papier zu nehmen und alles aufzuschreiben, was oder wie du glaubst, zu sein. Wenn du magst, dann tausche dich mit einem dir vertrauten Menschen darüber aus. Seine Reflektion kann dir von außen zeigen, wo seine Wahrnehmung mit deiner Selbstwahrnehmung nicht übereinstimmt. Wie fühlt sich der Unterschied an? Kannst du dich auch in dem sehen, wie andere dich wahrnehmen?

Je mehr du dich in dem Vertrauen darauf, dass du selbst zum Vorschein kommen wirst, öffnest, desto tiefer liegende Gedankenmuster können an die Oberfläche gelangen und dir ihr Erkennen ermöglichen - so dass du sie auflösen oder verändern kannst.

In diesem Prozess können tiefe Emotionen hervorgerufen werden, da du vielleicht feststellen wirst, dass du durch Glaubenssätze jahrelang etwas verkörpert hast, was dir selbst gar nicht entspricht. Lasse diese seelischen Wunden durch Aufarbeitung heilen und erlebe deine tiefe Befreiung.

Behalte immer im Bewusstsein, dass der Weg zu dir selbst frei ist von jeglicher Wertung. Denke nicht in Kategorien wie Gut und Schlecht oder Richtig und Falsch, sondern werde gewahr und nimm an, was war und was ist und entscheide dich ganz bewusst für das, was in deinem Leben, in dir selbst sein und entstehen soll.

Umfeld

Deine Gewohnheiten – so wie auch deine Glaubenssätze – haben ganz unterschiedliche Ursprünge. Einige von ihnen haben sich durch ständige Wiederholungen und damit verbundenen Emotionen in deinen Alltag eingeschliffen, andere wirst du aus deinem jetzigen Umfeld oder sogar bereits in deiner Kindheit übernommen haben.

Um dir deiner übernommenen Facetten bewusst zu werden, kann es hilfreich sein, dir an dieser Stelle Zeit zu nehmen und dich ganz bewusst mit deiner eigenen Familie, mit deinem direkten heutigen Umfeld, dem deiner Kindheit, als auch dem kulturellen Umfeld, in dem du lebst beziehungsweise aufgewachsen bist auseinander zu setzen.

Du wirst dich bei längerer Betrachtung und bewusster Auseinandersetzung mit deiner Kindheit wahrscheinlich an immer mehr Menschen und Situationen erinnern, in denen dir genau das, was du bisher als einen Bestandteil deiner eigenen Person annimmst, vorgelebt wurde, so dass du erkennen wirst, was du übernommen hast und zu einem vermeintlich eigenen Teil von dir selbst hast werden lassen.

Um dir bewusst zu werden, wie sehr das Leben in deiner Familie und in deinem Umfeld dich in der Entwicklung deiner eigenen Persönlichkeit geprägt haben, kannst du dir im ersten Schritt versuchen vorzustellen, wie anders du heute wärst, wenn du in einer anderen Familie geboren worden und aufgewachsen wärst.

Vergleiche vor deinem inneren Auge die gelebten Werte einer anderen Familie mit denen deiner eigenen. Mache dir bewusst, mit welchen anderen Strukturen, Vorbildern, Werten und auch Schwierigkeiten du dort konfrontiert worden wärst. Was hättest du erfahren, erlebt, gelernt?

Nimm dir dafür die Zeit, die du brauchst und lasse detaillierte Bilder vor deinem inneren Auge entstehen und tauche ganz tief in sie ein – wie hätte dein Leben ausgesehen?

Vergleiche dieses Bild anschließend mit der Kindheit in deiner Familie:

Welche Unterschiede fallen dir sofort „ins Auge"? Wo wirst du dir in diesem Vergleich bewusst, dass es Teile in dir gibt, die du aus deiner Kindheit übernommen hast? Was kannst du über dich und deine eigene Familie erkennen?

Um dir des Einflusses deines kulturellen Umfeldes bewusst zu werden, kannst du ähnlich vorgehen. Stelle dir hierzu die folgenden Fragen:

Was zeichnet die Kultur aus, in der du aufgewachsen bist?

Welche Rituale, Feste, Bräuche gab es?

Wie sah der Lebensstandard, die allgemeine Lebensform in dieser Kultur aus?

In welchem religiösen Umfeld bist du aufgewachsen?

Wie hat dich diese Kultur geprägt?

Welche positiven wie begrenzenden Aspekte hast du daraus übernommen?

Welche haben bis heute einen starken Einfluss auf dich, auf dein Denken und dein Handeln? Mit welchen Werten, Ritualen, Gedanken fühlst du dich wohl, mit welchen nicht?

Wie fühlt es sich für dich an, diese Strukturen zu erkennen und dir gewahr zu werden, dass sie nicht aus dir selbst heraus entstanden sind, sondern in kindlicher Liebe und Vertrauen von Vorbildern übernommen wurden?

Um die Aspekte und Facetten, die dich ausmachen, erkennen zu können, kann es hilfreich sein, dein Leben mit Abstand, aus der inneren wie äußeren Distanz zu betrachten.

Im Hinblick auf dein kulturelles Umfeld kann es hilfreich sein, dein gewohntes Umfeld – am besten sogar den Kulturkreis – zu verlassen um zu erkennen, wie du durch das Aufwachsen und Leben in diesem „energetischen Feld" geprägt wurdest – sowohl im Denken, Handeln als auch im reinen Sein. Lenke bei solchen Aufenthalten in anderen Ländern oder Regionen bewusst deine Aufmerksamkeit darauf, wie die Menschen in dir fremden Umfeldern leben, welche Sitten und Bräuche dort ganz selbstverständlich gelebt werden und was dir an Abläufen und täglichen Handlungen, an Überzeugungen und Glaubenssätzen zunächst fremd erscheinen mag.

Du kannst das Gespräch mit Menschen aus anderen Kulturkreisen über deine eigene Kultur suchen und sie fragen, was ihnen an deinem „normalen" Leben auffällt, was sie darüber wissen, wahrnehmen oder erkennen. Welche Aspekte kommen ihnen in den Sinn, wenn sie deinen Alltag, dein Leben, deine Kultur sehen?

Du wirst nach und nach ein tiefes Gefühl dafür bekommen, welche kulturellen Werte und Gewohnheiten du bislang gelebt hast – ohne dir ihrer bewusst gewesen zu sein.

Einige davon wirst du übernommen haben, um ein Teil einer Gemeinschaft werden zu können, andere um überleben zu können.

Nimm das Beobachtete frei von Wertung an. Sei dankbar für deine Erkenntnisse und nutze sie, um dich selbst zu ergründen, besser kennen und verstehen zu lernen.

Alles, was du jemals erfahren, erlebt und gelernt hast, ist ein Teil von dir geworden und tief in dir als Information gespeichert. In dem Prozess des Bewusstwerdens beginnst du diese Teile zu erkennen, dich mit ihnen auseinander zu setzen – sie zu hinterfragen.

Du kannst dabei erkennen, dass deine Prägungen aus Erziehung und kulturellem Umfeld dir zum einen Halt und Schutz gegeben haben und notwendig waren, um dir ein Leben in der Gemeinschaft zu ermöglichen, dich zum anderen aber auch einengen und die Entfaltung deines Selbst begrenzen. Du wirst viele Facetten in dir finden, die sich nach wie vor für dich und dein Leben in dieser Welt als sehr nützlich erweisen und die du, nun bewusst und aus der eigenen persönlichen Freiheit heraus, weiterhin integrieren möchtest.

Durch das Erkennen deiner eigenen Muster schaust du bereits aus einer inneren Distanz auf Übernommenes und dadurch verändert es sich bereits – so wie deine Einstellung dazu. Du verlierst das Gefühl von außen kontrolliert oder eingeschränkt zu werden. Anstatt dich von Gewohnheiten und Glaubenssätzen unbewusst lenken zu lassen, kannst du dich bewusst auf diese Strukturen stützen, sie als Hilfsmittel im Alltag erfahren.

Durch den Prozess des Erkennens und den freien Umgang mit den sichtbar gewordenen Mustern entfaltet sich dein Ich und nimmt mehr und mehr Raum ein. Du selbst kommst immer mehr zum Vorschein, begegnest hinter deinen Facetten deinem wahren L (ich) t.

Wenn du dich von einem bewusst gemachten, übernommenen Bestandteil verabschieden möchtest, dann versuche, dies in Liebe und Dankbarkeit zu tun. Er war lange Zeit ein Teil von dir und ohne ihn wärst du heute nicht der Mensch, der du bist, der gerade dieses Buch liest und sich auf den Weg zu sich selbst macht.

Es ist müßig dich zu fragen, was gewesen wäre, wenn du andere Erfahrungen gemacht hättest, andere Muster übernommen hättest. Wenn du deine Aufmerksamkeit auf das Akzeptieren des „Hier und Jetzt" lenkst, so wie es ist und voller Dankbarkeit dafür sein kannst, dass du einen Teil von dir erkennen durftest – um bewusst mit ihnen zu arbeiten - dann kann Friede in dir entstehen.

Für die Entfaltung deines eigenen Lichtes, deines eigenen freien Ichs, fülle deine inneren Räume, die frei werden, wenn du dich von etwas Altem trennst, mit deiner Präsenz, deinen eigenen Werten und Überzeugungen, mit deinem „Ich bin".

Individuelle Erfahrungen

Unabhängig davon, wo, wann und in welchem Umfeld du geboren wurdest, hast du, wie jeder Mensch auf dieser Erde, deine ganz persönlichen Erfahrungen gesammelt. Du wurdest durch dein bisheriges Leben „geprägt", sowohl im positiven Sinne, als auch im negativen.

Es gibt Erfahrungen aus diesem Leben, in denen du Gefühle wie Glück, Freude, Zufriedenheit und Liebe empfunden hast. Bei der Erinnerung an diese Situationen kannst du wahrscheinlich die damit verbundenen positiven Gefühle in dir wieder hervorrufen.

Vielleicht wirst du bei genauer Beobachtung deiner Verhaltensmuster sogar feststellen, dass du einige dieser für dich positiv besetzten Erfahrungen in deinem Leben zu wiederholen versuchst – weil du dadurch wieder in dieses positive Gefühl zu kommen wünschst, diese für dich schöne Erfahrung auf emotionaler Ebene gerne wiederholen möchtest.

Auf der anderen Seite wirst du wahrscheinlich auch Situationen erlebt haben, die dich haben klein werden lassen, die dich blockiert oder gar gelähmt haben. Diese Situationen, in denen du möglicherweise Angst, tiefe Trauer, einen großen Verlust, starke körperliche oder seelische Schmerzen oder andere negative Gefühle erlebt hast, haben dich traumatisiert, so dass sie den positiven Energiefluss in dir blockieren.

Solche Situationen hast du bislang vermutlich verdrängt – damit du dich nicht täglich in deinem Bewusstsein mit ihnen auseinandersetzen musst, nicht in ständiger Lähmung, Schockstarre oder Angstzuständen verbringst. Damit dein Leben weitergehen kann – du in ihm funktionierst– hast du gelernt, diese Erfahrungen aus deinem Bewusstsein in dein Unterbewusstsein zu verdrängen. Dort bleiben sie allerdings weiterhin als Information gespeichert und wirken von dort nach wie vor auf dich und dein Leben.

Da sie als Erinnerung bestehen bleiben, wirst du unbewusst ähnliche Situationen, in die du kommst, mit dieser Ursprungssituation vergleichen und die alten in dir entstanden Gefühle mit dem neuen Erleben verbinden, so dass du auf unbewusster Ebene weiterhin blockiert bist, du bestimmte Situationen kaum aushalten kannst oder im Vorfeld meidest, um die

Verletzung in dir nicht wachzurufen, die negativen Gefühle nicht nochmals spüren zu müssen, so dass du weiter im Verdrängen bleibst.

Um dich von solchen „Altlasten" zu befreien, um dich in deiner ganzen Größe zulassen zu können, kannst du diese alten seelischen Wunden in dir heilen, alte Konditionierungen auflösen und Schritt für Schritt wieder „ganz" werden, und dich selbst wieder spüren.

Welchen Weg du dazu wählst, entscheidest du allein. Du darfst dabei auf dein tiefstes Gefühl vertrauen, dass wenn und in welcher Form auch immer du daran arbeiten möchtest, du die entsprechende Unterstützung bekommen und die richtigen Menschen und Methoden zum richtigen Zeitpunkt kennen lernen wirst.

Wenn du dich für deinen Heilungsprozess öffnest, wird dir alles begegnen, was du dazu brauchst.

Mitgebrachte Elemente

Als du dich für diese Inkarnation entschieden hast, für ein weiteres menschliches Leben auf dieser Erde, hast du dir vorgenommen, bestimmte Erfahrungen zu machen, die dir bei deiner Weiterentwicklung helfen und es dir ermöglichen sollen, alte karmische Erfahrungen auszugleichen oder zu heilen und neue zu sammeln.

Du hast dazu nicht nur einen Körper und eine Familie in einem bestimmten Umfeld gewählt, sondern bringst auch in deinem Energiekörper ganz bestimmte Voraussetzungen mit, die dich in deiner Individualität ausmachen und dich mit entsprechenden Kräften für dieses Leben versorgen.

So bringst du unterschiedliche Qualitäten mit, die unter anderem in deinem Temperament oder in deinem Sternzeichen ihren Ausdruck finden.

Temperament

In jedem Menschen sind alle Qualitäten der vier verschiedenen Grundtemperamente angelegt. Meist
sind jedoch ein oder zwei Qualitäten stärker ausgeprägt als die anderen, so dass sie das eigene Handeln
und Sein vorrangig beeinflussen.

Um dich deinem Wesen nach besser verstehen zu
können, kann es hilfreich sein, sich zunächst im Allge-
meinen mit den Temperamenten und ihren Qualitäten zu beschäftigen, um daraus ein Gespür für die eigenen Stärken und Schwächen zu entwickeln.

Da du alle vier Qualitäten in dir trägst und nur ihre
Ausprägungen unterschiedlich stark in dir sind, wirst
du dich vielleicht nicht eindeutig einem Temperament zuordnen können. Die Beschreibungen der
Grundtemperamente in einseitiger Ausprägung sollen dir lediglich ein Gefühl dafür ermöglichen, welche
Kräfte in dir wann überwiegen. Diese Kräfte kannst
du als Qualität nutzen. Auf der anderen Seite wirst du
erkennen, welche Kräfte in dir nicht so stark vorhan-
den sind. Dann kannst du versuchen, um einen energetischen Ausgleich zu schaffen und in Balance zu
kommen, diese in dein Leben zu integrieren.

Dich selbst in einem der Temperamente wieder zu
finden kann dir dabei helfen, die in dir wirkenden
Kräfte und ihren Einfluss auf dein Sein zu erkennen.

Wenn du wahrnimmst, wie du durch dein Temperament geprägt bist, dann wirst du nicht nur dich selbst besser verstehen können, sondern auch deine Mitmenschen. Du wirst sie auf einer neuen Ebene erkennen und dadurch ein bewussteres Miteinander erreichen können.

Das sanguinische Temperament

Wenn du dich gerne und leicht von deiner Umwelt inspirieren lässt und offen bist für verschiedene äußere Sinneseindrücke, dann wirkt das sanguinischen Temperament vorrangig in dir. Dieses veranlasst dich, offen und neugierig auf Neues zu sein. Du bist durch seine Kräfte in der Lage, mehrere Dinge gleichzeitig zu tun und hast Spaß daran, mit kindlicher Freude, Leichtigkeit und Lebendigkeit die Welt zu entdecken.

Wenn das Sanguinische in dir zu stark dominiert, dann lässt du dich leicht ablenken, so dass du viele Dinge in deiner Umgebung bemerkst, siehst und beginnst, aber nicht zu Ende bringst; dann neigst du dazu, den Faden – bei all der Fülle, die die Welt zu bieten hat – zu verlieren und bleibst in deinem Erleben oft an der Oberfläche des Geschehens.

Das cholerische Temperament

Wenn das cholerische Temperament besonders stark in dir wirkt, dann hast du viel Willens– und Tatkraft. Du nimmst dein Leben gerne in die Hand und bringst „die Dinge" mit viel innerer Kraft voran. Wenn du dir einmal ein Ziel gesetzt hast, dann wirst du es auch erreichen. Du arbeitest voller Konzentration und Energie darauf hin. Du lässt dich von Impulsen aus deiner Umwelt anregen, bleibst aber in deinem Denken und Handeln deinem eigenen roten Faden treu und verlierst ihn nicht aus den Augen.

Wenn du dich als Choleriker von deinem Temperament mitreißen lässt, dann kannst du wie mit Scheuklappen auf dich und dein eigenes Ziel fokussiert durch die Welt laufen, ohne Toleranz und Lebensfreude. Dann neigst du zu Wutausbrüchen, weil etwas nicht schnell genug oder nicht deinen Vorstellungen entsprechend vorangeht und hast schnell das Gefühl, blockiert zu werden, was du lautstark äußerst.

Das melancholische Temperament

Als Melancholiker zählst du zu den feinsinnigen Menschen. Du denkst viel über dich und die Welt nach und verfügst über ein großes Einfühlungsvermögen deiner Umwelt und deinen Mitmenschen gegenüber. Dadurch bist du ein verständnisvoller und mitfühlender Zuhörer. Da du oft deinen Gedanken nachhängst, weil du die Dinge bis in die Tiefe durchdringen möchtest, gehst du die Dinge geruhsam an. Wenn dir eine Sache sehr am Herzen liegt, dann setzt du dich aus voller Überzeugung für sie ein.

Wenn du zu sehr im Melancholischen steckst, kannst du den gesamten Weltenschmerz in dir selbst fühlen und drohst darin zu versinken. Dann lähmen dich Schwermut und Traurigkeit und du läufst Gefahr, ausschließlich das Negative um dich herum zu sehen und verlierst darüber deinen Lebensmut.

Das phlegmatische Temperament

Wenn das phlegmatische Temperament in dir überwiegt, dann nimmst du das Leben gerne von der gemütlichen Seite. Du stehst ruhig und ausgeglichen im Leben und lässt dich von dem Geschehen um dich herum nicht so leicht erregen. Du bist zufrieden mit dem, wie es gerade ist. Dabei strebst du nicht nach Veränderung, sondern liebst die Beständigkeit in deinem Leben. Du ruhst in dir selbst und deine Werte haben über eine lange Zeit Bestand.

Wenn dein Phlegmatimus zu stark wird, wirst du träge und es kommt in deinem Leben und deiner Entwicklung zum Stillstand. Dann verweigerst du jegliche Veränderung, so dass du dich aus dem Lebensfluss nimmst und in deinem Sein stagnierst.

Wenn du möchtest, dann nimm dir etwas Zeit und rufe dir aus deiner Erinnerung Situationen vor dein inneres Auge, in denen du dein Temperament erkennen kannst.

Wenn du mehrere solcher Situationen im Rückblick betrachtest, dann wirst du vielleicht einige erkennen, in denen du mit deinen Qualitäten, die dir durch dein Temperament geschenkt wurden, etwas Positives erreichen konntest, da du deine Kräfte sinnvoll und gut eingesetzt hast. Wahrscheinlich ist dadurch eine große innere Zufriedenheit in dir entstanden.

Vielleicht wirst du dich auch an anderen Situationen erinnern, in denen dein Temperament, da es zu einseitig und unkontrolliert in dir wirkte, zu einer Schwäche für dich wurde.

Versuche, bei der Erinnerung an solche Situationen, die in dir wirkenden Kräfte zu erfassen und zu spüren. Wenn du sie erkennst, kannst du versuchen, sie in Zukunft bewusst einzusetzen. Damit kommst du einem selbst bestimmten, freien Leben immer näher.

Für eine harmonische Entwicklung und um nicht bei dem stehen zu bleiben, was du schon mitgebracht hast, kannst du versuchen die bislang schwächer ausgeprägten Eigenschaften in dir zu stärken und die dominierenden zu bändigen. Dadurch kommen sie in Harmonie und du bringst du dich selbst ins Gleichgewicht.

Dein wahres Ich, dein wahres lichtvolles Potential, deine Kraft, die du durch Freiheit im Sein und Handeln erlangst, befindet sich immer in der Mitte von Allem – in der Balance der in dir vorhandenen und dich umgebenden Energien.

Solltest du in Situationen spüren, dass du gerade energetisch in ein Ungleichgewicht kommst, dann bemühe dich um einen Ausgleich. Wenn du es zu unbewussten Einseitigkeiten und damit zu einem Ungleichgewicht in dir kommen lässt, gerätst du aus dem Lot und verlierst deine Mitte – und damit dich selbst.

Wenn du also erkennst, welches Temperament du hast, das heißt welcher Teil in dir am stärksten ausgeprägt ist, dann mache dir deine Stärken bewusst und setze sie sinnvoll ein. Werde dir auf der anderen Seite klar darüber, dass du diese Stärke bereits in dieses Leben mitgebracht hast und du dich weiterentwickeln darfst. Wenn du erkennst, dass diese Stärke nur ein Teil des Ganzen ist, dann wirst du auch erkennen, dass dir von den anderen Qualitäten noch etwas fehlt. Übe dich in den dir fehlenden Qualitäten, so dass du „rund" wirst und sich ein Gefühl von „Ganz–Sein" entfalten kann.

Wenn du dir deines Temperamentes bewusst bist und du um deine Qualitäten, deine Stärken und deine Schwächen weißt, dann kannst du auch die Stärken und Schwächen deiner Mitmenschen erkennen, ohne diese zu bewerten. Wenn du ihnen mit ihren Qualitäten voller Achtung begegnest, dann wirst du erkennen, dass wir Menschen uns – solange wir unsere Qualitäten noch nicht in uns selbst harmonisiert haben – gegenseitig im Gleichgewicht halten und uns zu einem harmonischen Ganzen ergänzen. Somit wirst du auch erkennen, dass jede Qualität, wenn sie bewusst eingesetzt wird, gleich sinnvoll, wichtig und nützlich ist und für das große Ganze gebraucht wird.

Kosmische Kräfte und Sternzeichen

Du bringst in deinem Energiekörper auch die verschiedenen Kräfte der uns umgebenden Sterne und Planeten, sogar des gesamten Kosmos mit in dieses Leben.

Auch du wurdest, abhängig von Ort und Zeit deiner Geburt, mit bestimmten kosmischen Kräften für dieses Leben versorgt.

Diese Energien sind, ebenso wie die Temperamente, in jedem Menschen unterschiedlich stark ausgeprägt und streben danach, in Harmonie gebracht zu werden. Das meiste Wissen über die kosmischen Kräfte wird in den Sternzeichen und dem persönlichen Horoskop zum Ausdruck gebracht.

Die Fähigkeiten, mit welchen du durch diese kosmischen Kräfte ausgestattet wurdest, können ganz unterschiedlich zum Ausdruck kommen. So hast du vielleicht besondere gestalterische Fähigkeiten, kannst besonders gut kombinieren, liebst die Unabhängigkeit, schaffst gerne Ordnung, hast einen ausgeprägten Gerechtigkeitssinn oder bist sehr frei in deinem Denken. Solche Eigenschaften können mit dem heutigen Bewusstsein den Sternzeichen zugeordnet werden.

Darüber hinaus wirken in, um und durch dich Kräfte wie Dynamik, Moral und innere Einkehr, welche von den verschiedenen uns umgebenden und auf uns wirkenden Planeten stammen.

Wenn du beim Lesen dieser Zeilen das Gefühl hast, dass das Wissen über die kosmischen Kräfte dir einen tieferen Zugang zu dir selbst ermöglichen kann, wenn du spürst, dass du dich gerne ausführlich mit deinem Sternzeichen oder Geburtshoroskop beschäftigen möchtest, dann nimm dieses Gefühl als einen Impuls, als eine mögliche Tür zu dir selbst. Dann öffne sie und tauche ein. Sei dir gewiss, dass, wenn du dich dafür öffnest, alle Informationen, die du brauchst, zum richtigen Zeitpunkt zu dir kommen werden.

Werde dir auch bei diesen energetischen Anlagen bewusst, dass du sie mitgebracht hast, dass aber dein reines Sein nach Harmonie in dir strebt. Wenn du dich weiterentwickeln möchtest, dann lasse sie nicht zu einer Einseitigkeit in dir werden, sondern strebe nach einem energetischen Gleichgewicht.

Über das vorhandene Wissen über die wirkenden kosmischen Kräfte hinaus werde dir bewusst, dass das Universum unendlich ist und dass dort Kräfte wirken, die wir mit unserem menschlichen Verstand heute wohl noch nicht ganz fassen können. Werde dir gewahr, dass du eingebunden bist in dieses grenzenlose Universum, und dass du mit *allem was ist* energetisch verbunden bist.

Dann gewinnst du eine Ahnung davon, in welcher Dimension diese Kräfte wirken und du kannst damit beginnen, sie als eine Realität anzunehmen - ohne alle Details über sie zu wissen.

Dein leiblicher Körper

Dein Ich ist mit all deinen Facetten, Erfahrungen, energetischen Kräften und Informationen in einen menschlichen Körper inkarniert, der dir ganz bestimmte Erfahrungen in diesem Leben ermöglicht.

Ebenso wie deine Eltern und deren Vorfahren deinen Körper genetisch geprägt haben, ebenso wie deine bisherigen Erfahrungen ihn mitgestaltet haben. Ebenso wie auch deine Ernährung und deine körperlichen wie seelischen Wunden ihn geprägt und geformt haben. Ebenso wirken auch dein Energiekörper und dein Karma bis in deinen leiblichen Körper hinein.

In ihm kommt alles zum Ausdruck, was du bist, was dich ausmacht, wo deine Stärken liegen und wo du dich weiterentwickeln möchtest.

Deine Körpersprache, deine Gestalt, alles ist daran ausgerichtet, welche Erfahrungen du bereits gemacht hast und welche du dir als Aufgabe für dieses Leben gestellt hast, welche Erfahrungen du noch machen möchtest und welche alten Themen du noch überwinden möchtest – dazu zählen auch deine körperlichen Schwächen, Beeinträchtigungen oder Krankheiten.

Dein Körper ist ein Geschenk an dich, daher lehne ihn nicht ab, kritisiere ihn nicht, sondern lerne ihn zu schätzen und zu lieben und an den Stellen zu heilen, wo du noch der Heilung bedarfst. Nimm dich so an, wie du bist, behandle deinen Körper liebevoll und achtsam und versuche zu verstehen, was er dir über dich sagen möchte.

Er ist dein wichtigstes Instrument auf dieser Erde, um die Welt um dich herum erfassen, begreifen und gestalten zu können, um mit ihr in Verbindung zu treten und dich ihr mitteilen zu können. Erkenne seinen Wert und nimm ihn als ein wertvolles Geschenk an dich an.

Auf dem Weg sein

In Liebe zu dir

Wenn du beginnst dich mit den verschiedenen in dir wirkenden Kräften auseinanderzusetzen, und den einen oder anderen Aspekt in dir oder an dir erkennst, so beginne diesen Prozess in Liebe zu und mit dir selbst.

Sei dankbar dafür, dass du dich erkennen darfst und nimm dich und insbesondere alles, was du erkennst, in Liebe an – alle deine Fähigkeiten, Talente und Vorzüge als auch deine Schwächen und Einschränkungen. Durch Selbstliebe und die Akzeptanz dessen, was war und gerade ist, entsteht eine harmonische, friedliche Energie in dir – die vieles von selbst auflösen und heilen kann.

Wenn du dich hingegen selbst ablehnst, Teile von dir unterdrückst, sie versteckst oder bekämpfst, dann löst du Widerstand aus, stärkst Barrieren und fütterst den ungeliebten Aspekt in dir mit negativer Energie – und gibst ihm dadurch mehr Raum und Bedeutung als du möchtest.

Wenn du beginnst, dich in Liebe anzunehmen, so wie du bist und du dir und anderen Schwächen und Fehler vergeben kannst, dann kann Heilung stattfinden – dann kannst du loslassen und in einen tiefen inneren Frieden kommen und dein Licht weiter entfalten.

Wenn du möchtest, dann nehme dir abends ein wenig Zeit und lasse in Gedanken deinen Tag Revue passieren. Stelle dir vor, dass alles, was du erlebt hast, sich wie auf einer Bühne ereignet und du nur Zuschauer bist. Erinnere dich an möglichst viele Details und Einzelheiten und beobachte einfach, was passiert ist, wie du in bestimmten Situationen reagiert hast, wie du dich gefühlt, was du gesagt oder getan hast.

Werde dir bewusst: Das alles bist du, oder vielmehr: Das alles sind Facetten von dir, so wie du heute hier lebst.

Bevor du dich weiter auf deinen Entwicklungsweg begibst und versuchst zu erkennen, warum du so bist, wie du bist, halte einen Moment inne und nimm dich in aufrichtiger Liebe so an, wie du gerade bist.

Du kannst dich dazu in deiner Vorstellung selbst umarmen, dir sagen, dass du dich selbst so liebst, wie du dich gerade in deiner Erinnerung wahrnimmst, dass du dir deine Mängel verzeihst oder dass du dich selbst als einen wertvollen und liebenswerten Menschen annimmst.

Vielleicht ist dies eine der schwersten Übungen für dich, da du es nicht gewohnt bist, dich selbst zu lieben. Aber du darfst dich jederzeit geliebt und umarmt fühlen, du darfst dich selbst wertschätzen und dir verzeihen. Du wirst allzeit gehalten und geliebt, von den dich umgebenden und durchdringenden göttlichen Energien. Beginne nun, dies auch selbst zu tun, dich diesen lichtvollen Energien zu öffnen, so dass sie dich durchdringen und erfüllen können.

Lasse dich zu – mit allem, was dich ausmacht – und schenke dir selbst Liebe und Anerkennung. So können alte seelische Wunden heilen und du wirst in ein gesundes Selbstwertgefühl kommen.

Wenn du dich selbst so annimmst, wie du bist, dir erlaubst du selbst zu sein, dann wirst du authentisch.

Dann können auch deine Mitmenschen dich so wahrnehmen, wie du wirklich bist und es können wahre Begegnungen stattfinden.

Frei von Wertung

In dem Prozess - dich mit deinen unterschiedlichen Qualitäten, deinen Erfahrungen und Facetten als Mensch zu erkennen – wird dir bewusst werden, dass jede Qualität gleichermaßen nützlich und wichtig ist und dass wir alle, mit unseren unterschiedlichen Erfahrungen, Teil eines großen Ganzen sind und es kein „besser" oder „schlechter", kein „richtig" oder „falsch" gibt. So kannst du dich – in diesem Erkennen – von wertenden Gedanken befreien.

Viele deiner Gedanken sind dir gar nicht bewusst und werden dennoch immer wieder durch alte Glaubenssätze und übernommene Meinungen bestätigt und gefestigt - und beeinflussen dich auf unbewusster Ebene.

Wenn du deinen Gedanken eine Weile zuhörst, wirst du bemerken, wie viele Urteile du täglich fällst. Ob du etwas gut findest, oder schlecht, ob der Andere Recht hat oder nicht, ob jemand schuld ist oder nicht.

Deine Gedanken sind entscheidend für deine Lebensqualität, denn sie beeinflussen dein Handeln und damit elementar dein Leben- ob du dir ihrer bewusst bist, oder nicht. Du selbst hast die Wahl, ob du dir mit deinen Gedanken schaden möchtest, dich durch alte Muster in deinem Denken fremd bestimmen und dich durch unbewusste Gedanken lenken lassen möchtest – oder ob du bewusst entscheidest, welchen Gedanken du mehr Aufmerksamkeit geben möchtest, welche Qualitäten du dadurch stärker in dein Leben integrieren möchtest. Bewusstes Denken gibt dir die Möglichkeit, dein Leben mehr und mehr nach deinen eigenen Wünschen und Vorstellungen zu gestalten.

Deine Gedanken sind energetische Felder und Informationen, die deinen Körper mit ihren Energien durchdringen und die du zugleich aussendest. Sie strahlen von dir in deine Umgebung und wirken damit auf dein seelisches wie körperliches Wohlbefinden, wie auch auf dein Umfeld. Dem Gesetz der Resonanz folgend ziehen sie bestimmte Ereignisse in dein Leben - Ereignisse, die in der gleichen Weise schwingen, wie die von dir ausgesendeten Gedanken und Gefühle.

So entscheidest du unter anderem über deine Gedanken – wenngleich nicht so stark wie durch deine Gefühle – welche Aspekte du in dein Leben integrieren möchtest und welche nicht.

Wenn du beginnst, deine Gedanken zu sortieren, sie von instinktiven Mustern, alten Glaubenssätzen, übernommenen Meinungen und Bewertungen zu befreien, dann fällst du deine Entscheidungen bewusst – aus deinem wahren Sein heraus – und schickst diese deine eigenen Überzeugungen und Werte als energetische Information in diese Welt.

Wenn du dich von negativen Gedanken befreien möchtest, dann tu dies, indem du Situationen und Themen – die für dich nicht mehr stimmig sind – weder verurteilst, noch bewertest, sondern in der Erkenntnis bleibst, dass es Dinge gibt, die nicht mehr zu dir und deinen Einstellungen passen und von denen du dich nun in Liebe verabschieden möchtest.

Mache dir darüber hinaus bewusst, dass *achtsames Denken* deinen Geist – und somit auch dich selbst– zu innerer Ruhe kommen lässt.

Wenn du magst, dann beobachte für einen Moment die Gedanken, die dir durch den Kopf gehen.

Was denkst du gerade?

Was sind das für Gedanken?

Kannst du sie für einen Moment anhalten und ganz im „Hier und Jetzt" sein? Wie fühlt sich das für dich an?

Sind in deinen Gedanken auch Wertungen enthalten?

Wenn ja, führe dir vor Augen, dass Bewertungen immer ein bestimmtes Wertesystem zugrunde liegt. Frage dich, wer darüber entschieden hat, welche dieser Werte die richtigen und welche die falschen sind.

Entspricht das, was du in deinen Gedanken beobachten konntest, wirklich deiner eigenen Überzeugung?

Wie oft hast du heute schon jemanden oder etwas bewertet?

Wie schnell kamen diese Gedanken in deinen Kopf?

Wann hast du tatsächlich bewusst gedacht und wann haben sich deine Gedanken verselbstständigt?

Halte einen Gedanken fest, der dich sehr beschäftigt. Dann stelle dir vor, dieser Gedanke hätte eine menschliche Gestalt. Male dir aus, wie dieser Mensch aussehen würde.

Frage dich, ob du mit diesem Menschen einen Raum teilen möchtest und werde dir bewusst, dass dieser, dein Gedanke, dir viel näher ist, als ein Mensch dir je sein kann.

Genauso, wie du frei bist darin zu entscheiden, mit welchen Menschen du in einem Zimmer sein möchtest oder nicht - da du jederzeit das Zimmer verlassen könntest - kannst du auch entscheiden, ob du diesen Gedanken wirklich in deiner Nähe haben möchtest, oder ob du ihn gehen lässt – weil dir seine Gegenwart nicht gut tut.

Wenn du dich häufiger diesen Fragen widmest wirst du spüren, dass es immer leichter wird, Gedanken loszulassen, sie nicht weiter zu verfolgen - so dass du mehr und mehr in ein bewusstes Denken kommst.

Wenn du dir – tief in deinem Inneren – wünschst, so angenommen und geliebt zu werden, wie du bist, dann beginne du deinerseits damit aufzuhören, negativ über andere Menschen zu denken. Begegne ihnen stattdessen mit Wertschätzung – ohne dass du alles an ihnen gut heißen musst – und eröffne die Möglichkeit zu neuen Begegnungen auf einer neuen Ebene.

Wenn du Menschen so akzeptierst, wie sie sind und in die Akzeptanz für ihr „Anderssein" gehen kannst – wenn du dich ihnen wahrhaftig und aufmerksam zuwendest – kannst du hinter das, was dich an ihnen stört, blicken; du wirst ihr Licht – den göttlichen Funken – in deinen Mitmenschen sehen und damit in Verbindung treten können.

Wenn du aus dem bewertenden Denken herausgehst und das Leben als Möglichkeit zur Weiterentwicklung wahrnimmst, dann kannst du dir, wenn du möchtest, täglich etwas Zeit nehmen und auf Situationen schauen, die du erlebt hast und die dir nicht angenehm waren – oder in denen du das Gefühl hattest, nicht selbst bestimmt gehandelt zu haben. Überlege dir, wie du das nächste Mal gerne reagieren würdest und spüren in dich hinein, was du dazu an dir selbst, an deinem Verhalten und deinen Gedanken ändern müsstest.

Allein durch dieses Betrachten bleibst du nicht mit der alten Situation verhaftet – fühlst dich nicht weiterhin schlecht oder klein – sondern nimmst das Geschehene als eine Chance, dich zu erkennen und aus deinem eigenen Wunsch heraus etwas zu verändern, neu zu denken, zu handeln – und dich und dein Leben neu zu gestalten. So kannst du aus der Betrachtung des Alten einen Vorsatz, eine Idee für die Zukunft entstehen lassen und nutzt das Erlebte als Chance für deine Entwicklung.

Mache dir diese Möglichkeit immer wieder bewusst und spüre die Freiheit, die in dir entsteht, wenn du die für dich passende Art und Weise zu denken, zu handeln, zu sein selbst wählen darfst. Dadurch steigst du aus deinem gewohnten Trott aus und beginnst, dein Leben selbst in die Hand zu nehmen und es – sowie dich selbst – nach deinen eigenen Vorstellungen und Wünschen zu verwirklichen.

So kannst du durch neue Gedanken und eigene Meinungen deine alltägliche Situationen und deine Reaktionen neu gestalten – wie auch dein ganzes Sein.

Du kreierst dich und deine Welt neu, aus deinem Potential und deinem inneren Licht heraus.

So kannst du dich und deine Wirklichkeit neu erschaffen, frei von Altem sein und einen Teil dazu beitragen, diese Welt neu zu gestalten – in Licht und Liebe und voller Hoffnung.

In Harmonie kommen

Wenn du ein neues Gefühl, eine neue Kraft oder Qualität im Außen entdeckst und du spürst, dass du diese Energie in deinem Leben bisher vermisst hast -oder das Bedürfnis in dir entsteht, sie zu brauchen, du nach ihr „hungerst" - dann zeigt sich dir darin ein Defizit in dir selbst. Dann hat dir diese Energie bisher gefehlt und du bist an dieser Stelle nicht im Gleichgewicht.

Ein Verlangen in dir ist immer das Resultat aus einem bisher dir nicht bewussten Mangel. Wenn dir Sehnsüchte bewusst werden, dann kannst du sie als ein Zeichen sehen, die dich darauf aufmerksam machen, wo du noch nicht in Balance bist, wo dir für dein Ganz-Sein noch etwas fehlt.

Wenn du Defizite in dir wahrnimmst und diese füllen möchtest, kann es sein, dass du das, was dir bisher gefehlt hat, als Vakuum in dir spürst, das nun wahrgenommen und gefüllt werden möchte. Im Verlauf dieses Füllens durch das Integrieren des bisher fehlenden Aspektes kann es passieren, dass du deine Aufmerksamkeit zunächst sehr stark in die Richtung des Neuen lenkst und es „heißhungrig" aufnimmst. Dabei kann der Blick für das richtige Maß zeitweise verloren gehen.

Deshalb kann es wichtig sein sich darum zu bemühen, nachdem der erste „Heißhunger" gestillt wurde, ein Maß zu finden, das zur Balance der bisherigen Kräfte und der neuen Aspekte führt - so dass sie harmonisch integriert werden und gemeinsam mit dem Bestehenden wirken können.

Wenn dich etwas Neues fesselt – sei es ein neues Kleidungsstück, eine neue Lieblingsspeise, eine neue Lebensphilosophie, das Bedürfnis nach mehr Stille, Bewegung, Natur oder Kultur - dann erkenne in deinem Bedürfnis das, was dir bisher gefehlt hat und warum das Neue dich so anzieht. Du kannst dieses ungestillte Begehren in dir durch ein gesundes Nachholen ausgleichen. Sobald du das Defizit in dir gestillt hast, entscheide bewusst, ob und in welchem Maße du die neue Qualität weiterhin in dein Leben integrieren möchtest, ob es alte Teile in dir gibt, die sich durch das Neue ins Gleichgewicht bringen lassen, oder ob du sogar einige alte Teile dafür abgeben möchtest.

Wenn du dir all dessen bewusst wirst, dann ist es dein wahres Ich, das hinter dieser Entwicklung steht, sie betrachtet und aus deiner Kraft heraus die Entscheidungen trifft. Dann folgst du deinem eigenen Willen und lässt dich nicht länger von außen lenken.

Wenn du eine Befriedigung im Außen erreichst, indem du dir das gönnst, wonach du verlangst, dann ist dies ein erster Schritt– solange du ihn bewusst tust, um dich in Harmonie zu bringen.

Der nächste und elementare Schritt besteht darin, dir darüber klar zu werden, welches Urbedürfnis wirklich hinter deinen Sehnsüchten steckt, so dass du im Außen dies oder jenes zu brauchen scheinst – und zunächst dort suchst.

Sehnst du dich vielleicht nach mehr Spiritualität, nach mehr Weiblichkeit, nach mehr Flexibilität oder Anerkennung?

Damit du die Befriedigung oder Bestätigung im Außen nicht mehr brauchst und deine Abhängigkeit vom Außen nach und nach auflösen kannst, kannst du damit beginnen, in dir selbst die Energien ins Gleichgewicht zu bringen, alte Wunden und Themen aufzuarbeiten, zu heilen und daraus resultierende Bedürfnisse auf der energetischen Ebene zu stillen. So begibst du dich auf den Weg zu wirklicher Freiheit, verschaffst deinem göttlichen Licht mehr Raum und lässt Harmonie in dir entstehen.

Bewusste Entwicklung

Vielleicht kennst du das: du siehst ein Buch, das dich anspricht, begegnest Menschen, die dich inspirieren, oder du hörst etwas, das dich in deinem Innersten berührt - und erhältst dadurch einen äußeren Impuls dich weiterentwickeln zu wollen.

Wenn du das nächste Mal wieder einen solchen Impuls in dir spürst, dann kannst du - um dich bewusst für einen Entwicklungsschritt zu entscheiden - das „Neue" zunächst betrachten und es dem gegenüberstellen, was und wie du bisher gelebt hast.

Erst wenn du dies erkannt hast, wird es dir möglich sein, aus deinem eigenen Willen heraus zu entscheiden, ob du etwas an dir und deinem bisherigen Leben ändern möchtest, ob du etwas von dem Impuls übernehmen und integrieren möchtest - oder ob sich die erste Euphorie schnell wieder legt und du bei genauem Betrachten lieber bei deinen bisherigen Gepflogenheiten bleiben möchtest.

Vielleicht entsteht auch ein Gefühl in dir, etwas in dir oder deinem Leben ändern zu wollen - durch den Impuls „wach" geworden zu sein - du aber für dich einen ganz neuen und eigenen Weg wählen möchtest.

Lasse während eines Entscheidungsprozesses ein Bild in dir entstehen, eine Idee, einen Wunsch, eine Vision davon, wie es in dir, in deinem Leben in Zukunft aussehen soll.

Wenn du die Entscheidung getroffen hast, etwas an dem Bisherigen zu ändern – hin zu dem Neuen - dann kannst du dein Ziel vor deinem inneren Auge visualisieren und bis ins Detail ausschmücken.

Fasse diese Entscheidung im nächsten Schritt für dich in Worte, schreibe sie schließlich nieder und sprich darüber - bringe sie verbal zum Ausdruck. Fühle nach, wie es sich für dich anfühlt - und ob es eventuell noch irgendwo „hakt".

Beginne dann damit, in die Handlung zu kommen, setze deine Idee, deinen Impuls in die Tat um und lass sie nach und nach real werden.

Wenn du spürst, dass es schwierig wird, geh wieder einen Schritt zurück, visualisiere dein Ziel erneut, so dass du es nicht aus den Augen verlierst.

Änderungen in dein Leben zu integrieren bedarf deiner inneren Kraft - denn es sind einige Übung und Wiederholungen auf allen Ebenen nötig um das „Neue" zu integrieren. Je mehr du dich für dein neues Ziel begeistern kannst, desto leichter wird dir die Umsetzung anfänglich fallen. Doch um dich und dein Leben nach deinen neuen Idealen und Zielen langfristig auszurichten, müssen alte Gewohnheiten im Tun, im Denken und im Fühlen - die zum Teil sehr tief in dir verankert sind - verändert werden. Deshalb bleibe dir während des Prozesses deinem Ziel bewusst, visualisiere und verbalisiere es immer wieder, so dass du in dem Prozess der Änderung in deiner Kraft bleibst - bis er abgeschlossen ist.

Wie tief du das Neue bereits integriert hast, kannst du bis in deinem Körper hinein nachspüren.

Hast du einer Idee, einem Impuls, ein klares Bild in deinem Kopf, dann bist du am Anfang eines Änderungsprozesses.

Wenn du beginnst, diesen Wunsch in dir auszuformulieren, ihn in Worte zu fassen und darüber zu sprechen, dann ist der Prozess energetisch bereits tiefer gewandert - bis in deinen Hals.

Wenn du schließlich beginnst ihn umzusetzen, ihn die Tat zu bringen, dann bringst du ihn durch deine Hände und mit deinen Füßen in diese Welt — das

Neue verankert sich immer mehr in dir und ist bereits bis in deine Gliedmaßen gedrungen.

Wenn du die tiefe Freude, die innere Zufriedenheit und Freiheit spürst, die dir das reale Umsetzen deiner bewusst getroffenen Veränderung bereitet, dann hat sich die Kraft der neuen Idee mit deinem Gefühl verbunden. Du spürst sie in deinem Brustkorb - denn sie ist zu einer Herzensangelegenheit geworden.

Irgendwann wirst du feststellen, dass es für dich wie zu einer Selbstverständlichkeit geworden ist, nach deinen neuen Vorstellungen oder Werten zu leben. Du denkst nicht mehr über sie nach, es bereitet dir auch keine euphorische Freude mehr, sondern sie sind zu einem Bestandteil von dir selbst geworden und gehört nun zu deinen - mehr oder weniger - bewussten Handlungsmustern. Dann ist die Idee tief in dir verankert. Es fühlt sich aus dem Bauch heraus gut und richtig an, wenn du nach diesem neuen Muster lebst. Dann hast du diese Idee vollständig integriert. Sie ist zu einem Bestandteil deiner Individualität geworden, einem Teil deines Selbst - für das du dich bewusst entschieden hast - und gehört nun wahrhaftig zu dir.

In einer bewussten Entwicklung gestaltest du dich nach deinen eigenen Vorstellungen, Idealen und Überzeugungen und aus deiner freien Entscheidung heraus neu und ent-wickelst dadurch mehr und mehr dein wahres Sein.

Wegbegleitung

Im Laufe der Zeit wirst du nach und nach allen deinen noch nicht aufgearbeiteten Themen, Handlungsmustern, Glaubenssätzen, Normen, Werten, Ängsten, alten Verletzungen und ungestillten Bedürfnissen begegnen.

Mache dir dabei bewusst, dass du dich auf einem Weg befindest, der durch viele Leben geführt hat, dich durch diese Inkarnation führt und auch noch durch weitere Leben führen wird.

Strebe deshalb nicht an, jetzt sofort alles auf einmal zu erkennen, aufzuarbeiten und zu lösen. Gib dir ausreichend Zeit für dich und deine Prozesse und gehe diesen Weg des Bewusstwerdens in deinem eigenen Tempo. Vertraue darauf, dass du von lichtvollen Energien begleitet und beschützt wirst. Deine Seele ist voller Licht und Kraft und wird sich die Aspekte ansehen, die sie ansehen möchte.

Vertraue darauf, dass sich die Aspekte, mit denen du arbeiten möchtest, nach und nach zeigen werden und du, wenn du aufmerksam bist und ein entsprechendes Bewusstsein dafür hast, in Situationen geschickt wirst, dir Informationen „zufallen" und dir Menschen begegnen, die dir in deinem Prozess weiterhelfen werden.

Der Weg zu dir selbst ist wie eine Abenteuerreise. Es ist der schönste und wohl erfüllendste Weg, den du als Mensch gehen kannst - auch wenn er streckenweise etwas steinig sein mag und du manchmal durch deine Tiefen geführt wirst. Doch das, was du erreichest, wirst du nie wieder missen wollen.

Du erlebst kraft– und lichtvolle Momente, du spürst als Mensch dein wahres Sein und kommst dir selbst und deinem eigenen Potential näher.

Hab den Mut, loszugehen, um nicht irgendwann völlig unter deinen alten Mustern und Prägungen zu verschwinden oder gar zu ersticken, weil du dort keine Luft mehr bekommst.

Wenn du dich spirituell öffnest, kannst du darauf vertrauen, dass die geistige Welt dich unterstützt, dass du in diesem Prozess nie allein bist, sondern dort, wo du es zulassen kannst, begleitet und geführt wirst. Es ist der göttliche Plan, dich als Mensch wieder zu dir selbst zu führen, damit du das Licht in die Welt tragen und deine Verbindung zu deiner Ursprungsquelle wieder spüren kannst.

Wenn du dich in diesem Vertrauen und dem Wunsch nach Veränderung auf den Weg machst zu dir selbst – ob allein, in einer Gruppe oder mit professioneller Hilfe – dann wirst du Schritt für Schritt authentischer, es wird dir gelingen immer selbstbewusster aufzutreten und zu dir und deiner Meinung zu stehen. Du wirst du selbst – so wie du bist.

Du wirst dich mit deinen Ängsten und Blockaden auseinandersetzen und wenn du die ersten Schritte erfolgreich gegangen bist wahrnehmen, wie sehr die neue Lebensqualität – frei von den alten einengenden Aspekten – dein Leben bereichert. Du wirst diese Freiheit in dein Herz lassen und fühlen können, wie neue Aspekte einen lichtvollen Raum in dir einnehmen.

Wenn du dich zudem immer wieder darin übst, Situationen aus deiner neuen Haltung heraus zu begegnen, wenn du dich immer wieder mit dem lichtvollen Gefühl in dir verbindest, indem du dich daran erinnerst und es durch das Erinnern neu in dir entstehen lässt, wird sich diese Fähigkeit in dir festigen. Du wirst sicherer und sie wird zu einem Teil deiner Persönlichkeit.

Dein Weg im Außen

Wenn du dich auf deinen Ent-wicklungsweg begeben hast, du selbst mit deinem göttlichen Potential immer mehr zum Vorschein kommst, dann wirst du spüren, wie du parallel zu deiner inneren Entwicklung immer feinfühliger für dich, für deine Mitmenschen und für deine Umgebung wirst – und wie du neue Fähigkeiten entwickeln wirst, die dich die Dinge auf einer neuen Bewusstseinsebene erkennen lassen.

Du wirst beginnen, über die verschiedenen Facetten hinaus – die dich als Individuum einzigartig machen – die Kräfte und Energien, die dich umgeben und von außen auf dich wirken, wahrzunehmen.

Wenn du ein Gefühl dafür bekommst, in welchen energetischen Feldern du dich fortwährend befindest, wirst du immer deutlicher erkennen, dass du auch hier in der Mitte dieser Polaritäten, wenn du sie in Balance bringst, deine Freiheit finden wirst – in der du dich selbst zum Ausdruck zu bringen kannst, anstatt dich von den vorherrschenden Kräften bestimmen zu lassen.

Auf dieser Erde wirken zum einen die Kräfte der Elemente Feuer, Wasser, Erde und Luft, die dich mit ihren unterschiedlichen Qualitäten versorgen. Auch haben die kosmischen Kräfte nicht nur deinen Energiekörper mit ihren Qualitäten versorgt, sondern wirken zu unterschiedlichen Zeiten verschieden stark im Außen auf dich.

Wenn du beginnst, solche dich umgebenden Energien zu spüren und dich ihnen zu öffnen, wirst du bald feststellen, dass alles, was dich umgibt, in seiner ganz eigenen Qualität schwingt.

Wenn du dich bewusst auf die dich umgebenden Dinge einlässt, dann wirst du ihre Energie spüren – die der Farben, der Gegenstände, der Orte – und letztlich von allem, was ist.

Auch zwischen uns Menschen, wo immer wir uns begegnen – wir einen gemeinsamen Rahmen schaffen – gibt es Beziehungen, Verbindungen und Strukturen, die bestimmten energetischen Mustern folgen, und denen du über das Erkennen bewusst begegnen kannst – anstatt nur eine Rolle zu spielen.

Mache dir bewusst: alles was ist wirkt auf dich – und du wirkst auf alles, was ist.

Du entscheidest darüber, welche Energien du aussendest und mit welchen du dich verbinden möchtest.

Werde dir dazu deiner Selbst und dem Wesen der dich umgebenden Dinge bewusst.

Dann kannst du allem frei begegnen und das in dein Leben lassen, was du wirklich wünschst.

Dann gestaltest du dein Leben, wie es deinem wahren Selbst wirklich entspricht.

Die vier Elemente

Feuer, Wasser, Erde und Luft sind die elementaren Kräfte auf dieser Erde, die uns ein Leben als Mensch auf diesem Planeten ermöglichen.

Sie schaffen für uns einen Lebensraum und schenken uns ihre lebensspendenden Energien.

Zum einen trägt dein Energiekörper selbst ihre Qualitäten in unterschiedlich starker Ausprägung in sich – was in den Temperamenten zum Ausdruck kommt - zum anderen kannst du dich mit diesen dich umgebenden Energien im Außen verbinden, dich energetisch „auftanken", energetisch reinigen, dich frei machen oder befeuern - so dass du in eine innere Harmonie kommst.

Du kannst die Kräfte, die die Elemente dir schenken, nutzen, indem du dich ihnen öffnest, so dass sie dich durchdringen können.

Du kannst ein reinigendes Bad genießen, ein wärmendes Lagerfeuer, eine frische Brise Luft oder die Kraft eines erdigen Waldbodens unter deinen Füßen - und dich mit diesen elementare Kräften nähren, so dass du gestärkt, gereinigt, voller Vertrauen und in Klarheit deinen Weg gehen kannst.

Du schwingst in Harmonie mit allem, was ist, wenn du alle vier Kräfte in dir in Einklang bringst - so dass keine überwiegt oder unterliegt, sondern sich alle zu einem harmonischen Ganzen ergänzen.

Luft

Das Element Luft schenkt dir Frische, Klarheit und ein Gefühl von Reinheit. Es ist grenzenlos.

Wenn du dieses Element auf dich wirken lässt, wirst du seine Weite und Freiheit spüren.

Du kannst dich von der freien und leichten Kraft der Luft durchdringen, dich „durchpusten" lassen, so dass du selbst wieder frei und klar denken kannst.

Du kannst im Einatmen die Lebenskraft der Luft in dir aufnehmen und dich im Ausatmen von allem befreien, was du loslassen möchtest - was du nicht mehr brauchst.

Genieße die frische Luft und tanke dich mit ihrer Kraft auf, die sie dir schenkt.

Feuer

Die Kraft des Feuers wärmt dich – innerlich wie äußerlich. Dein Feuer steht für deine Tatkraft. Es stärkt dich in dem, was du willst und tust.

Du kannst dich an einem äußeren Feuer wärmen und dabei dein inneres Feuer harmonisieren.

Du kannst dich energetisch „anfeuern" oder dein Feuer für eine Sache „entfachen"– so dass du die Kraft für die Umsetzung deiner Ideen in dir entstehen lässt und die Dinge nach deinen Vorstellungen in Gang bringst.

Wasser

Das Element Wasser ist eine fließende Kraft.

Du kannst dich mit der Beweglichkeit dieses Elementes verbinden und seine Energie wie Wellen durch dich hindurch strömen lassen, um wieder in „den Fluss" zu kommen.

Wenn du dich mit Wasser wäschst, wirst du rein und sauber. Wenn du Wasser zu dir nimmst, stillt es deinen Durst. Im Element Wasser kannst du deine Gefühle ausgleichen, Altes „abwaschen" und dich seelisch reinigen, so dass du erfrischt aus dem „Bad der Gefühle" hervorgehen kannst.

Erde

Die Erde als festes Element trägt dich und gibt dir als Mensch einen festen Halt unter deinen Füßen. Ihre Energien schenken dir das Gefühl von „genährt sein" und „getragen werden", so dass du in Verbindung mit ihr Geborgenheit und Sicherheit empfinden kannst.

Wenn du mit deinen beiden Beinen fest auf der Erde stehst, dich in deiner Vorstellung in ihr verwurzelst, dann wirst du die Sicherheit spüren, die ein festes Stehen dir gibt, dann kommst du in eine gute Erdung und zur inneren Ruhe.

Positive Energien

Auf dem Weg zu deinem göttlichen Potential darfst du darauf vertrauen, dass du unterstützt wirst und dir lichtvolle Energien zur Verfügung gestellt werden, an welche du dich anbinden und in denen du auftanken kannst.

So kannst du für deinen Weg alle dich umgebenden positiven Energien, die dir guttun, nutzen.

Beginne die unterschiedlichen Energien der dich umgebenden Plätze zu erspüren.

Wie fühlt es sich für dich bei dir zu Hause an?

An welchem Platz hältst du dich dort am liebsten auf?

Bei welchen Freunden und Bekannten bist du gerne?

Wo fühlst du dich wohl?

Woran könnte dies liegen?

Welcher Platz stahlt für dich Geborgenheit aus, welcher Frieden?

Wo spürst du Licht und wo Freude?

Wann brauchst du Sonne, wann Wasser, frische Luft oder gute Erdung?

Welche Plätze können dir dies geben?

Wie fühlt sich ein Bach im Tal an, wie ein Berggipfel und wie der Strand? Welche Unterschiede spürst du?

Mache dir bewusst, dass jeder Platz, egal ob in der Natur oder in der Zivilisation, in seiner ganz eigenen Energie schwingt, dass er eine Grundenergie hat, sowie ein energetisches Gedächtnis. Er ist von allem geprägt ist, was er bisher erlebt hat.

Auch die Gegenstände, die dich umgeben, haben eine bestimmte energetische Qualität.

Mit welchen Kleidungsstücken fühlst du dich wohl?

Welche Farbe tut dir wann gut?

Welche Nahrung nährt dich auf welcher Ebene?

Welche Geräusche umgeben dich und wie wirken sie auf dich?

Welche Musik berührt dich?

Spürst du die vielfältigen Schätze, die das Universum dir schenkt?

Kannst du die Kraft von Steinen spüren, von Pflanzen, die der vier Elemente?

Wonach hast du ein inneres Verlangen und womit kannst du dich energetisch nähren?

Werde dir auch bewusst, in welcher Energie Worte schwingen. Welche sind kraftvoll, sinnvoll und erfüllen dich beim Hören oder beim Aussprechen? Werde dir deiner eigenen und der dich umgebenden Sprache bewusst und nutze Worte, um bewusst deine eigene Energie zu erhöhen.

Wenn du dein volles Potential entdeckt und entfaltet hast, wird es unwichtig sein, wann und wo du dich befindest. Du wirst jederzeit und an jedem Ort von innen heraus in die Welt strahlen, sie mit deinem Licht versorgen und ihre Schwingung durch dein Sein erhöhen.

Aber auf dem Weg zu diesem reinen Sein, schenkt die Welt dir ihr Licht – in unterschiedlichster Ausprägung, in verschiedene Qualitäten aufgeteilt. Nutze diese Geschenke. Gehe achtsam durch die Welt und umgib dich mit Dingen, die dir gut tun, die dich energetisch aufladen, die dir das schenken, was du noch brauchst und nimm sie in Liebe an – ohne dich von ihnen abhängig zu machen – und sei dankbar, dass sie dich ein Stück deines Weges begleiten werden.

Das Wesen der Dinge

Wenn du beginnst, das Wesen der Dinge zu erkennen, wenn du beginnst, die verschiedenen in dir wirksamen Energien zu spüren – indem du dich von Blockaden und Begrenzungen befreist – dann wirst du auch wahrnehmen, dass alles, was dich umgibt aus sich heraus in einer bestimmten Energie schwingt. Dass hinter allem Kräfte wirksam sind, die die äußeren Erscheinungen prägen – und dass alles einen tieferen Sinn hat.

Um aus deiner Freiheit heraus entscheiden zu können, womit du dich energetisch verbinden möchtest, welchen Aspekten du um dich herum deine Aufmerksamkeit schenken möchtest und sie damit energetisch nährst, beginne dich mit den Dingen deines Lebens wirklich auseinandersetzen, sie zu hinter-fragen, sie neu zu entdecken – um ihre wahren Qualitäten und Kräfte zu erkennen.

Denn die meisten Dinge, die dich heute umgeben, sind nicht transparent - so dass du sie wahrscheinlich nicht auf Anhieb begreifen und wahrhaftig durchdringen kannst.

Wenn du dich bewusst mit dir und deiner Umwelt auseinander setzen möchtest, dann kannst du dir folgende Fragen stellen:

Welche Werte in deiner Gesellschaft kommen woher?

Wie funktionieren die Dinge hinter den Dingen – was ist das Dahinter liegende?

Setzte dich mit den Dingen deines Alltags auseinander:

Woher stammen die Nahrungsmittel, die Kleidung und andere Produkte, die du konsumierst? Erst wenn du dies weißt, kannst du wirklich frei entscheiden, ob du sie kaufen möchtest oder nicht.

Welche allgemeingültigen Regeln gibt es in der Gesellschaft und wo kommen sie her? Welche Kraft liegt einer Abstimmung zugrunde – und entspricht diese dem Freiheitsgedanken des Individuums?

Warum gibt es eine allgemeingültige Rechtschreibung, welche Abschlüsse werden in der Gesellschaft anerkannt und warum?

Wer hat in welcher Situation die –scheinbare – Verantwortung und wer trägt sie letztendlich wirklich?

Was hat es mit dem Geld auf sich? Woher stammt es und welche Energien bringt es mit? Haben wir die Kraft dieses starken Mediums als Menschheit schon erfassen können?

Um den energetischen Ursprung und die Kraft – die hinter den Dingen liegt – zu erkennen und dadurch bewusst entscheiden zu können, welche Energien du in dein Leben lassen möchtest und welche nicht, kannst du heute damit anfangen, den Dschungel der Undurchsichtigkeit zu durchdringen. Du kannst nach Transparenz an den dir wichtigen Stellen streben, um wieder die Essenz der Dinge zu spüren, ihre wahre Kraft zu erkennen und deine Energien in eine Richtung zu lenken, die du „nähren" möchtest.

Du kannst jederzeit damit beginnen, *einzelne* Dinge zu hinterfragen. Wenn du dir bewusst machst, wie viele Angelegenheiten und Zusammenhänge heutzutage nur noch an der Oberfläche erklärt und erfasst werden, dann wird deutlich, dass du immer wieder auf etwas stoßen wirst, was für dich (noch) nicht transparent ist.

Wenn du bei den dir wichtigen Sachen und Angelegenheiten genau hinschaust, trägst mit deiner Erkenntnis zum Verstehen des gesamten Universums bei. Suche dir jene Aspekte, die *dir* wichtig sind, die dir „ins Auge fallen" und die dir am Herzen liegen – und vertraue darauf, dass du durch dein Umdenken und Tun Dinge in Bewegung bringst.

Auch an anderer Stelle werden andere Menschen ähnliche Prozesse anstoßen– oder haben bereits damit begonnen –, so dass sich die uns umgebende Welt und wir uns mit ihr Stück für Stück verändern werden. Die Richtung liegt in unseren und somit auch in deinen Händen.

Miteinander

Jede Begegnung auf deinem Weg mit anderen Menschen folgt bestimmten energetischen Grundmustern. Diese zu erkennen kann den Umgang mit– und untereinander erleichtern und dir helfen, zu erkennen, in welchen Mustern du und deine Mitmenschen sich bewegen. So können Konflikte vermieden werden, da du dich frei entscheiden kannst, ob du dich weiter in diesen Mustern bewegen oder dich davon befreien möchtest.

Gesprächsebenen

Jedes Gespräch „schwingt" auf seiner eigenen Ebene. Harmonie und wirkliches Verstehen entstehen dort, wo das Abgesendete in Resonanz mit dem Empfangenden geht, wo sich die Gesprächspartner wirklich aufeinander „eingestellt" haben.

Wenn du beginnst deine Wahrnehmung für die Begegnungen von Menschen untereinander zu schärfen wirst du sicherlich bald feststellen, dass häufig Konflikte auftreten, wo „aneinander vorbei geredet" wird. Hinter diesem Ausspruch liegt energetisch gesehen eine tiefe Wahrheit, denn es ist oft nicht der Inhalt der Worte, der nicht verstanden wird, sondern sie werden auf einer anderen energetischen Ebene abgesendet als sie empfangen werden.

Grundsätzlich gibt es drei verschiedene Ebenen von Gesprächen.

Zum einen gibt es die Organisationsebene, auf welcher rechtliche Fragen geklärt, Vereinbarungen getroffen und Abläufe besprochen werden.

Dann gibt es die Bedürfnisebene. Hier geht es darum mitzuteilen, wie die Beteiligten sich fühlen, was jeden Einzelnen bewegt, was sie brauchen um glücklich zu sein. Hier öffnen sich die Gesprächspartner auf der emotionalen Ebene – und fühlen sich leicht verletzt, wenn andere beim rein Organisatorischen bleiben.

Als dritte Ebene gibt es die geistige Ebene. Auf dieser wird mitgeteilt, was in Gedanken bewegt, um welche Erkenntnisse gerungen wird, was den Einzelnen wichtig zu erkennen, zu verstehen und mitzuteilen ist.

Wenn du erkannt hast, dass in jeder Kommunikation, in jedem Zusammensein und in jeder gesellschaftlichen Einrichtung diese unterschiedlichen Ebenen bedient werden wollen, dann kannst du, wenn du möchtest, versuchen in Gesprächen ein Bewusstsein dafür zu erlangen, auf welcher Ebene du dich gerade bewegst, sprich: Bist du gerade dabei, das Organisatorische – was sich auch im rein Rechtlichen, also Verträgen, Vereinbarungen und Zuständigkeiten findet – zu klären, oder äußerst du gerade ein eigenes Bedürfnis – möchtest auf dieser Ebene gehört und verstanden werden – oder bist du gerade dabei, eine Erkenntnis, eine Überzeugungen oder ein Ideal einzubringen.

Du kannst darüber hinaus versuchen zu erfassen, auf welcher Ebene sich deine Mitmenschen bewegen.

Wenn es dir gelingt, vor Gesprächen zu klären, auf welcher Ebene sie stattfinden sollen, sich alle Beteiligten zunächst aufeinander einstellen , „einschwingen" – und euch klar ist, worum es in der Begegnung geht, auf welcher Ebene ihr zusammen gekommen seid und ihr miteinander in Kontakt treten möchtet - dann kann, so aufeinander eingestellt, euer Gespräch fruchtbar sein. Dann könnt ihr effektiv miteinander arbeiten, dann können echte Begegnungen im Vertrauen stattfinden und die individuelle Freiheit kann im Austausch mit anderen ihren Raum finden.

Dann könnt ihr versuchen, euch auf den anderen einzulassen, euch zu erreichen und wirklich zu verstehen und deutlich zu machen, worum es euch gerade wirklich geht.

Rollen

Weitere energetische Felder entstehen durch Funktionen, die wir Menschen in Systemen – wie Organisationen, Institutionen und Gemeinschaften – ausfüllen und dadurch, in welcher Beziehung wir zueinander stehen, welche Rolle wir in diesen Systemen eingenommen haben.

Es gibt über die typische „Chefrolle" oder „Mutter– Vater – Kindrolle" hinaus unendlich viele Rollen und Funktionen, die wir einnehmen, sobald wir Teil einer Gruppe werden.

Diese Rollen entstehen unter anderem durch die „Aufgaben", die bestimmten „Positionen" zugeschrieben werden – bewusst oder unbewusst.

Werde dir bewusst, dass du ein Teil dieser geschaffenen Strukturen und Systeme bist, sowie alle anderen auch.

Wenn du diese die energetischen Felder in deinem Leben spüren möchtest, kannst du dir folgende Fragen stellen:

Welche Rolle hast du in deiner Familie und was macht sie mit dir? Fühlst du dich in ihr wohl?

Wie kannst du das energetische Feld ändern, so dass du dein Potential nicht verlierst, sondern vielmehr das Licht in das „System" Familie hineintragen kannst?

Wie geht es dir an und mit deinem Arbeitsplatz? Welche Strukturen herrschen dort und was machen sie mit dir?

Wo lässt du dich von äußeren Richtlinien eingrenzen, wo gibt es unausgesprochene und dennoch stark wirksame Bedingungen, Anforderungen und Rahmenbedingungen – ja sogar Glaubenssätze des Systems – die dich in deinem eigenen Sein blockieren?

Kannst du dich so weit von den dich umgebenden Strukturen frei machen, dass du bei dir bleiben kannst, dich nicht in der Rolle verlierst, die dieses Feld von dir erwartet?

Wirst du zu einer funktionierenden Hülle, die wie in einer Maschine agiert, ohne bewusst „da" zu sein? Möchtest du das?

Wie lange hältst du Rahmenbedingungen aus?

Tun sie dir gut?

Was würde passieren, wenn wir alle erkennen könnten, dass wir Menschen uns selbst diese großen Maschinerien geschaffen haben – in denen wir zunehmend Gefahr laufen, hohl und leer zu werden?

Wie können wir diese Strukturen verändern, aufbrechen und uns auf eine Gesellschaft hin bewegen, in der wir Rahmenbedingungen schaffen, die es uns ermöglichen, gemeinsam – in Harmonie – zu leben und in denen dennoch jeder Einzelne für sich sein Licht, sein Potential ausdrücken kann – zum Wohle des Ganzen?

Wie fühlt sich die Vorstellung an, als Mensch in einer Gemeinschaft zu leben, in der jeder seine individuelle Stärken einsetzt und die Aufgaben übernimmt, die er gerne und mit innerer Freude erfüllt. Wenn jeder auf der organisatorischen Ebene „seinen" Platz hat – der ihm entspricht und der ihm gleichzeitig den Raum lässt, gut für sich selbst zu sorgen – um sich dann erfüllt von lichtvoller Energie und voller Kraft, für das Gemeinwohl einzubringen?

Wie wäre es, wenn wir unsere wahren Bedürfnisse äußern dürften und als Gemeinschaft darauf vertrauen könnten, dass es richtig ist, diese Bedürfnisse zum Ausdruck zu bringen – damit wir gehört werden, damit wir das erhalten, was wir wirklich brauchen, damit wir unsere Aufgabe auf dieser Erde in Liebe annehmen und ausüben können?

Lasse diese Zeilen wirken und in die Tiefe gehen.

Nimm dir in deiner Vorstellung einen Raum für diese Möglichkeiten und lass sie sich dort entwickeln.

Spüre, welche Freiheit in diesen Worten liegt:

Alle Systeme und Organisationen, alle Regeln des gesellschaftlichen Miteinanders sind von uns erschaffen und gestaltet – von uns Menschen. Wenn wir heute mit dem Umdenken beginnen, könnten wir in der Folge unsere äußeren Strukturen ändern und ein Leben gestalten, das uns als lichtvollen Individuen den Raum gäbe, „einfach" uns selbst zu sein. Dann könnten wir in Freiheit leben und würden aus Liebe und Respekt zueinander Umgangsformen finden, die ein *Miteinander* ermöglichen, ohne dass wir uns von außen oder von oben herab „reglementieren" müssten.

Ist es nicht das, wonach deine Seele sich zutiefst sehnt: In eigener Freiheit und in vollem Licht zu erstrahlen und in harmonischer Verbindung zu sein, mit allem was ist.

Wie fühlt sich dieser Gedanke an? Spürst du eine innere Resonanz? Kannst du ein inneres Aufatmen spüren? Oder eine fried– und freudvolle Leichtigkeit? So wie ein Lächeln, das sich aus deinem Herzen auf den Weg macht?

Wenn ja kannst du jederzeit damit beginnen, für dich in deinem Umfeld Strukturen neu zu finden und zu definieren und sie in Liebe ins Leben zu bringen. Beginne mit der Veränderung in deinem tiefsten Inneren.

Du wirst mit deinem Licht weitere Menschen anstecken, so dass mehr Menschen und größere Organisationen sich auf den Weg machen werden, Strukturen zu entwickeln, die dem neuen menschlichen Bewusstsein entsprechen.

Die geistige Welt

Wenn du dich Schritt für Schritt den dich umgebenden Energien ganz öffnest - dich meditativ mit ihnen beschäftigst - wirst du ihr „Innenleben" wahrnehmen und die Kräfte hinter den Kräften wahrnehmen.

Du wirst spüren, dass alles, was dich umgibt, in der einen oder anderen Weise beseelt ist.

Du wirst erkennen, dass das Feuer ein anderes Wesen hat als das Wasser, dass die Berge dir ein anderes Gesicht zeigen, als es die Wüste tut.

Du wirst bemerken, dass du dich manches Mal wie von Schatten umgeben fühlst – zum Beispiel, wenn du dunkle Gedanken festhältst – und dass du dich in anderen Momenten wie beschützt, begleitet und von Impulsen gelenkt fühlst -wie von einem Engel geleitet.

Vielleicht fühlt sich für dich eine solche Vorstellung zunächst kindlich an. Aber gibt es nicht eine tiefe Sehnsucht in dir, wieder auf einen Engel – als reale Wesenheit statt als Märchenfigur – vertrauen zu können? Oder wieder an Elementarwesen zu glauben und ihnen ihren Platz zurückzugeben?

Spüre tief in dich hinein:

Welche Kräfte sind es, die diese Vorstellung bisher nicht zugelassen haben und welche sind es, die sich danach sehnen, sich daran er-innern?

Du selbst entscheidest, welche Realitäten du erleben möchtest, welche Qualitäten du in dein Leben integrieren möchtest, worauf du dein Bewusstsein, deine gedankliche Aufmerksamkeit richtest, was du in deinem Leben als Wahrheit manifestierst.

Die einschränkenden Gedanken, die du von außen übernommen hast und die vielleicht weiterhin um dich herum wirken, werden an Kraft verlieren, wenn du wieder in dein Urvertrauen kommst – dir deiner Quelle bewusst wirst und dich von allem befreist, was sich nicht stimmig anfühlt und dir nicht gut tut.

In deinen ersten Inkarnationen war es für dich ganz selbstverständlich, dass du mit den göttlichen Energien verbunden warst, dass um dich herum Baumgeister, Elfen und andere Elementarwesen wirkten, und dass du immer im Schutz deines Engels oder eines anderen lichtvollen geistigen Wesen standest. Es war ganz natürlich, dich von den lichtvollen Energien leiten zu lassen, dich ihrem Licht – das sie dir in Liebe bereit sind zu schenken – zu öffnen, so dass du dich von ihnen getragen, genährt und unterstützt fühltest.

Danach sehnen sich heute viele menschliche Seelen: nach einem tiefen Eingebunden sein in eine durchgeistigte Realität. Sie möchten sich wieder an diesen Urzustand erinnern, sich spirituell wieder öffnen – um ihren Sinn zu erleben, um ein erfülltes Dasein zu führen.

Durch diesen „Hunger" sind viele Menschen auf der Suche. Manche finden kurzzeitige Befriedigungen im Außen – häufig im Konsum – doch meist wird daraus das Bedürfnis, stets noch mehr zu brauchen. Andere lenken sich von dieser inneren Sehnsucht ab, werden stumpf oder hart und lassen nichts mehr an sich heran.

Bei vielen Menschen jedoch erwacht derzeit gerade die Erinnerung, –die tief in ihnen verankert liegt –und sie begeben sich auf die spirituelle Suche.

Wenn du diese tiefe Sehnsucht in dir spürst, die geistige Welt wieder als Realität anzuerkennen, dich ihren lichtvollen Helferwesen öffnen möchtest und deinem Leben damit im wahrsten Sinne des Wortes eine neue (wenngleich uralte) Dimension zu geben, dann kannst du noch heute damit beginnen.

Gib die begrenzenden Gedanken deines Verstandes ab, indem du ihn bittest, sich für einen Moment aus-zuruhen. Es kann auch hilfreich sein, dich noch mal als Kind zu fühlen— als du noch intuitiv auf deine Umge-bung reagiert hast und noch nicht so stark von dei-nem Verstand gesteuert warst. Dann kannst du alles, was du in deinem Denken und in deiner Vorstellung als eine Wahrheit zulassen möchtest dir wie in einer Geschichte oder in einem Märchen vorstellen:

Möchtest du dich den Elementarwesen öffnen, mit ihnen in Kontakt treten und sie durch deine liebevolle Aufmerksamkeit stärken, so dass sie sich für dich und unsere Welt wieder voll entfalten können und ihren Platz auf diesem Planeten wieder finden?

Du kannst in deiner Vorstellung damit beginnen, ihnen wieder einen Platz zu geben, beim Sitzen am Feuer, beim Blumen gießen oder beim Waldspazier-gang und dabei spüren, wie es dir damit geht und wie sich deine Umgebung dadurch energetisch verändert.

Möchtest du wieder mit deine Ahnen in Verbindung treten?

Dann beginne mit ihnen in Gedanken ein Gespräch. Teile ihnen mit, was du ihnen schon lange sagen wolltest. Achte dabei auf deine Gefühle. Wie geht es dir damit? Hast du das Gefühl, gehört zu werden, wieder ein Band zwischen euch herstellen zu können, oder spürst du sogar eine Antwort in dir?

Möchtest du dich wieder mit deinem Engel oder einem anderen geistigen Helferwesen verbinden?

Dann stelle dir seine Anwesenheit und seine Kraft vor. Lasse in deiner Vorstellung zu, dass du immer begleitet und beschützt bist, dass ein Engel hinter oder neben dir steht, dich umarmt oder sogar durchdringt. Gib in deiner Vorstellung allem ein Bild, wonach deine Seele sich sehnt. Und spüre dabei die heilende Wirkung einer solchen Imagination.

Welche Formen der geistigen Welt du für dich als Realität annehmen kannst oder möchtest, ob du sie als reine schwingende Energien oder Licht in verschiedenen Frequenzen und Farben, oder ob du einen besonderen Geruch oder besondere Geräusche, oder ob du Wesenheiten wahrnimmst, ist dabei nicht entscheidend.

Auf dem Weg zum inneren Verstehen gibt es kein Richtig oder Falsch.

Lasse den Verstand ruhen und gib deiner Seele und ihrer Sehnsucht einen Raum und suche nach deinem Weg, diese Sehnsucht zu füllen.

Sprich dein innerstes Selbst direkt an, frage dich, wonach du dich sehnst. Allein diese offene Zuwendung wird ein inniges, warmes Gefühl in dir entstehen lassen, das dich für weitere Empfindungen öffnet.

Die geistige Welt ist mehr als bereit, durch dich und für dich zu wirken – in welcher Form, entscheidest du. Du bestimmst, ob und wann du die Tür zu ihr öffnen möchtest, ob du sie als Realität anerkennen kannst und dir damit einen Raum erschließt, der dich weitet und dir die Möglichkeit zu einem auf allen Ebenen erfüllten Leben gibt – denn dieser Raum ist unendlich groß.

Er ist die Essenz von „Allem was ist" in dir – und er liegt in dir.

Ankommen

Dein wahres L(ich)t

Der Moment deines Erwachens – deiner ersten Begegnung mit deinem Ich, deinem göttlichen Funken, deinem grenzenlosen lichtvollen Potential – wird dir unvergesslich bleiben.

Wann und wo dies geschieht, entscheidest nicht du, sondern es passiert dir. Dieser Moment wird dir geschenkt, wenn du bereit bist, ihn zu empfangen. Aber du kannst dich bewusst auf den Weg begeben, um diese Begegnung zuzulassen. Denn durch ein Bewusstwerden deiner Selbst, durch das Erkennen und Befreien deiner Beschränkungen, durch deine individuellen Schritte gehst du bereits deinen Weg – der sich wie von alleine zeigt, wenn du dich ihm öffnest.

Dein Licht wird sich in jedem Augenblick der Erkenntnis deines Selbst entfalten können. Du wirst davon ganz – von purer Energie – erfüllt sein und spüren, dass du grenzenlos in deinem Sein bist, in deinem Tun, im Hier und Jetzt.

Gleichzeitig wird in dir die Sehnsucht wachsen, diesen Zustand halten zu können, auch im Alltag „so" zu sein, und diesen zu einem selbstverständlichen Bestandteil deines Lebens werden zu lassen.

Vielleicht findest du deinen direkten Zugang zu dem Höchsten in dir durch Praktiken wie Gebete, Yoga,

Meditation oder Achtsamkeits— und Stilleübungen, vielleicht findest du Kraftorte in der Natur, die dir eine Verbindung mit diesen hohen Schwingungen ermöglichen und die dich wieder mit dir selbst verbinden, vielleicht findest du ihn in Musik und Tanz, oder auf deinem individuellen Weg. Du wirst deine ganz eigene Tür finden, um dir selbst zu begegnen.

Dabei wirst du feststellen, dass es diese energetischen Räume sind - die bei eben beschriebenen Momenten entstehen - die deine Seele sucht. Räume, in denen du dich selbst spürst.

Wie auch immer es geschieht: Die wahrhafte Erfahrung deines Seins ist nicht nur die Erkenntnis, sondern das Wahr-nehmen deiner Selbst aus deiner tiefsten Mitte heraus und in Verbindung mit allem was ist.

In solchen Momenten befindest du dich auf einer sehr hohen Schwingungsebene, die in dein Umfeld strahlt und dort weiter und umfassender wirkt, als du es bislang vielleicht für möglich hältst. So wirst du nach und nach weitere Situationen in dein Leben ziehen, die dir ähnliche Erfahrungen ermöglichen und die dir den Weg zeigen, wie du die Momente des reinen Seins zunehmend in dein Leben integrieren kannst.

Über das Bewusstwerden der Möglichkeit dieses Seins, über das reale Erfahren und Spüren deines lichtvollen Ichs wirst du die Wahrheit deines Potentials erfahren und du wirst das Bedürfnis haben, dich auf diesem Weg weiterzuentwickeln, dich ganz in diesen Energien zu entfalten und dich vollkommen auszudrücken.

Dieses hoch schwingende Energiefeld erfüllt dich, deine Mitmenschen, deine Umgebung, ja sogar die ganze Welt mit positiver, lichtvoller Energie. Es verändert deine Ausstrahlung und hat eine reale Wirkung auf alles was ist und was sein wird.

Begegnung von L(ich)t zu L(ich)t

Wenn du dich selbst spüren kannst, deine innere Mitte gefunden hast, so trägst du dieses Erleben als ein tiefes, inneres Gefühl – wie einen Schatz – in dir und strahlst aus dir heraus deine lichtvolle Energie in diese Welt.

Wenn du in einer bewussten Begegnung von „Ich" zu „Ich" wirklich gesehen wirst, dein Innerstes von einem Mitmenschen berührt wird, dann wird sich dein Licht sich um ein Vielfaches potenzieren, dir selbst wird es noch stärker ins Bewusstsein kommen und sich in dir als Wahrheit über dich selbst ausbreiten und sich noch weiter entfalten.

Solche Begegnungen können entstehen, wenn du zur Ruhe kommst, innere Stille zulassen kannst und dich von Vorstellungen und Erwartungen befreist, wie etwas zu sein hat. Dann wirst du frei für wirkliche Begegnungen, für wahrhaftige Nähe und schöpferische Kraft. Dann kannst du dich öffnen, dann kannst du echte Nähe in der Begegnung mit Menschen zulassen – dann eröffnet sich ein Raum, in dem dein wahres Sein für dich und den anderen erfahrbar wird.

Das Höchste in dir kann sich im gemeinsam gestalteten Moment zeigen, und du erfährst – aus der Wahrnehmung deines Gegenübers – dein Selbst, weil du es dank ihm spüren kannst.

Wenn du dich auf solche zwischenmenschlichen Begegnungen einlässt, auf Begegnungen, in denen du dich öffnest, in denen du Nähe zulässt, in denen du den anderen durch Blickkontakt, durch seine Worte oder durch seine reine Präsenz ganz nah an - sogar in dir - spüren kannst, dann entsteht ein Raum, in dem du dich selbst, dein wahres Ich erkennen kannst.

Wenn du dich als Mensch dem anderen zeigst, dich ihm öffnest und ihn dein Innerstes sehen lässt, eine Berührung deines wahren Seins zulässt, wirst du dich wahrhaftig gesehen und erkannt fühlen. In solchen Momenten begegnet dein Ich dem Ich des anderen auf einer ganz tiefen, heiligen Ebene.

Und wenn du dich ganz auf dein Gegenüber einlässt, wenn du durch *seine* Fassade schaust, wenn du sein Licht in ihm suchst und ihm mit Liebe begegnest, wirst du solche „heiligen" Räume in deinen Begegnungen bewusst herstellen können. Dann werden andere sich gesehen fühlen, sie ihren göttlichen Funken spüren können und damit deinem Licht und ihrem Licht jedes Mal mehr Raum geben.

Dann lässt du selbst in Begegnungen Licht einfließen und jene Räume entstehen, in dem dein Gegenüber sich selbst sein darf und sich dabei von deinem Licht getragen, genährt und geborgen fühlt - und aus diesen Gefühlen heraus eine eigene Verbindung zu dem Höchsten in *sich* herstellen kann. Er kann sein eigenes Licht in der Begegnung mit dir entflammen.

Solche Begegnungen können mit Tränen, mit Gänsehaut, mit dem Gefühl einer tiefen Zuneigung und Liebe oder einem unendlichen Vertrauen verbunden sein. Es kann sein, dass die Zeit still zu stehen scheint, du ganz im Moment, im absoluten „Hier und Jetzt" bist. Du spürst dich selbst tief in dir, um dich herum und im anderen – in deiner allumfassenden Größe, „durch" dein Gegenüber.

Solche Begegnungen können dir ermöglichen, das Licht aus deiner Quelle in diese Welt tragen und dazu – im wahrsten Sinne des Wortes – bei-zutragen, dass es sich vermehrt, vervielfältigt: Aus dem reinen Sein, durch deine Ausstrahlung und durch das Entstehen von Räumen, die dich und andere energetisch aufladen, in denen durch die Begegnung eines Ichs mit dem anderen sich beide selbst erkennen können.

Denn in ihnen wirst du dir gewahr, wer du wirklich bist, welche Möglichkeiten in dir liegen, wie du wirkst. Das Höchste in dir wird berührt, gesehen und dazu ermutigt sich zu zeigen, sichtbar zu werden und sich der Welt zu öffnen.

Diese Räume sind ein Geschenk.

Sie sind das, wonach wir Menschen suchen – und die es für eine lichtvolle Welt braucht. Räume, in die wir eintauchen können, in denen wir sein dürfen, uns entfalten können und unser Höchstes zum Vorschein kommt.

Du selbst kannst in der Begegnung mit anderen solche lichtvollen Räume entstehen lassen – durch das reine Sein deines Selbst, durch einen Blick, ein Wort, deine Ausstrahlung.

Und du kannst jetzt damit beginnen.

Potential deines L(ich)tes

Wenn du deinem Licht begegnest, wenn du dich mit ihm verbindest und es zum Strahlen bringst und es dir – irgendwann – gelingen wird, diesen Zustand ständig zu halten, dann kannst du aus dir selbst heraus die Energien der dich umgebenden Dinge erhöhen. Dann wirst du frei sein von allem, was dich umgibt – und was du bisher vielleicht benötigst hast - denn dann bist du selbst die Lichtquelle, angebunden an die göttlichen Energien die das gesamte Universum durchdringen, und kannst alles, was niedriger schwingt, transformieren.

Die Strahlen deines Lichts verbinden deinen inneren Ursprung mit allem, auf was du wirkst. Dann wird es für deine eigene Schwingung nicht länger wichtig sein, welche Kleidung du trägst, wo du dich aufhältst oder welche Nahrung du zu dir nimmst. Dann kannst du – aus der unendlichen Kraft des menschlichen Bewusstseins – aus dir heraus alles energetisch „aufladen" und bis in die Materie hinein nach deinen Vorstellungen gestalten.

Wenn die Momente des reinen Seins häufiger in dein Leben treten, wird sich dein Licht vervielfachen, wird dein eigenes Potential immer mehr zum Vorschein kommen und du wirst ein immer tieferes Gefühl für dein wahres Ich erhalten – und dir dabei Selbst und deiner eigentlichen Aufgabe bewusst werden.

Du wirst spüren, dass dein Da-Sein mehr für dich bereithält als die Rollen, die du bisher in deinem Leben übernommen und ausgefüllt hast.

Du wirst die tieferen Wahrheiten in dir erkennen.

Du wirst spüren und immer besser erkennen, dass du eine wahre Bestimmung hast, dass du all deine Qualitäten und individuellen Fähigkeiten in dir trägst, um sie für die Verwirklichung des Höchsten in dir zu nutzen, für deine wahre Bestimmung, und um dein Licht in diese Welt zu tragen - auf deine ganz eigene Weise.

Das mögen Wege sein, die du momentan vielleicht noch nicht denken kannst, für die du keinen Ausdruck findest, aber von denen du eine Ahnung hast - denn es gibt eine tiefe Stimme in dir, die gehört werden will. Sie wird dir zuflüstern, was durch dich seinen Ausdruck hier finden möchte – wenn du bereit bist hinzuhören und zu verstehen.

Du wirst deine wahre, deine schöpferische Kraft zu erahnen beginnen. Du wirst dich an sie zurückerinnern, weil sie schon immer da war. Du „er–ahnst" sie, da sie nicht neu ist, sondern dich schon immer begleitet – und weiterhin begleiten wird.

Die Zeit, in der wir leben, lässt dieses Erkennen deiner wahren Berufung zu und es liegt an dir, sie anzunehmen. Die Kraft, die wandelt und neu gestaltet, die zum Ausdruck gebracht werden will – und die in dir liegt. Wenn du dich in tiefstem Vertrauen auf diese Kraft einlässt, wenn du diesem Gefühl Raum gibst, wird es sich nach und nach verdichten und Form annehmen. Dabei geschieht alles zum richtigen Zeitpunkt. Dann wirst du dich im Inneren nach deinem neuen „Bewusst-Sein" gestalten und durch dein wahres schöpferisches Potential wird sich diese neue Kraft auch im Außen manifestieren.

Wenn wir Menschen beginnen, uns selbst zu befreien und unserem lichtvollen Wesenskern wieder näher zu kommen, dann wird die Welt neu gestaltet werden, im Sinne dieses neuen lichtvollen Seins.

Du kannst als Teil dieser Welt deine Kraft zu– und in dieses Leben lassen: dann wird sie aus dir heraus in diese Welt strömen und sie dadurch verändern.

Vertraue dabei darauf, dass die lichtvolle Kraft, die wir verwirklichen – wenn wir unserem göttlichen Potential trauen und Raum geben – schon längst da ist und darauf wartet, dass wir uns ihr öffnen, dass wir unsere Größe und unser schöpferisches Potential annehmen dürfen und zum Wohle von allem was war, ist und sein wird nutzen „sollen".

Vielleicht weißt du jetzt noch nicht genau, was deine innere Bestimmung ist, vielleicht siehst du noch kein klares Ziel oder hast die Worte dafür noch nicht. Dann entsteht vielleicht gerade etwas ganz Neues — das sich momentan einfach noch nicht denken oder vorstellen lässt.

Doch wenn du in das Vertrauen auf dieses Gefühl in dir gehst, dass da etwas in dir ist, was du tun möchtest — was dein innerstes Anliegen ist, was deine Berufung sein könnte — dann wirst du spüren können, dass alles schon „da" ist, du es nur noch nicht sehen kannst.

Denn alles, was du brauchst liegt bereits in dir.

Und wenn du deinem inneren Wissen vertraust, öffnest du dich dem Großen Ganzen und damit auch dem, was durch dich auf diese Welt gebracht werden will und kannst das – wofür du wirklich hier bist – zum Ausdruck bringen. Wenn du diesen, deine wahren Weg gehst, wirst du dabei begleitet werden und alles erhalten, was du brauchst – vielleicht auf Wegen, die du heute noch nicht denken kannst.

Um das zu verwirklichen, was du als Potential in dir trägst, um das Höchste in dir zum Ausdruck zu bringen, folge deinem inneren Pfad und spüre die Kraft, die er zunehmend entfaltet. Bleibe auf deinem Weg – bleibe ganz bei dir und in deinem Licht – und habe

Geduld und bleibe im Vertrauen, bis sich deine Ahnung, dein Gefühl verdichtet – die Zeit wird reifen und deinem Potential eine innere und äußere Form geben.

Dein Sehnen nach der Verbindung zu deiner Lichtquelle und das schrittweise Entdecken und Befreien dieser verleiht der ohnehin in dir liegenden Kraft eine Dynamik, die dich immer näher an dein wahres Sein heranbringt.

So wird aus allem etwas erwach(s)en, was es heute so noch nicht gibt – und das wir heute vielleicht nicht einmal denken oder uns vorstellen können– und das unserem wahren Sein entsprechen wird.

All dies kann geschehen, wenn du dem Weg in dein L (ich) t folgst und auf der Reise durch dein wahres Sein dich von deinen einschränkenden Facetten befreist.

Du hast die Reise deines Lebens mit dem Lesen dieses Buches begonnen.

Es liegt nun ganz bei dir, wie und wohin sie weitergehen wird.

Für dich und diese Welt wünsche ich dir dabei alles Licht der Welt.

Dank

Mein Dank gilt an erster Stelle meinen Eltern, die mir eine sorgenfreie und glückliche Kindheit ermöglicht haben und die immer für mich da waren (und sind), so dass ich heute die sein kann, die ich bin.

Außerdem möchte ich mich bei meinem Ehemann bedanken, der mich immer liebevoll auf meinem Weg begleitet hat und mir stets den Rahmen für meine innere Entwicklung gegeben hat.

Ein herzlicher Dank geht an meine beiden wundervollen Kinder. Sie haben mich in diesem Leben so vieles gelehrt und mir so oft die Augen für das Wesentliche geöffnet - und durch unser gemeinsames Sein mein Leben um so Vieles reicher gemacht.

Außerdem geht mein Dank an Jutta Hack, bei der ich in den letzten Jahren so viel (über mich) lernen durfte, dass ich es gar nicht in Worte fassen kann.

Ein weiterer Dank geht an alle Menschen, die meine Seminare und Einzelsitzungen bisher besucht haben. Sie waren mir stets ein ehrlicher Spiegel in meinem wahren Sein.

Nicht zuletzt gilt mein Dank Birgit Brauburger (www. wortbuero- online.de), die dieses Buch in seiner Entstehung intensiv begleitet hat. Sie hat stets die Worte gefunden, die die Kraft haben das zum Ausdruck zu bringen, was durch mich gesagt werden wollte.

Danke

Über die Autorin

 Nicole Hilbert, geboren 1975, hat Grundschullehramt und Waldorfpädagogik studiert.

2012 hat sie ihre mehrjährige schamanische Ausbildung abgeschlossen und besucht seitdem regelmäßig Aus- und Weiterbildungen in spiritueller Heilarbeit.

Sie bietet Seminare und Einzelbegleitungen im Großraum Frankfurt/ Main an, wo sie mit ihrer Familie lebt.

Nähere Informationen unter:

www.Neues-Bewusst-Sein.net

Zeitfracht Medien GmbH
Ferdinand-Jühlke-Straße 7
99095 Erfurt, Deutschland
produktsicherheit@kolibri360.de